深圳证券交易所三十年研究成果精选丛书

REITs 市场建设

——境外实践与中国路径

郑雪晴　何鹏飞　赵　雨　等◎著

中国财经出版传媒集团
中国财政经济出版社

图书在版编目（CIP）数据

REITs 市场建设：境外实践与中国路径／郑雪晴等著. --北京：中国财政经济出版社，2022.8
（深圳证券交易所三十年研究成果精选丛书）
ISBN 978-7-5223-1460-0

Ⅰ.①R… Ⅱ.①郑… Ⅲ.①不动产-投资-信托基金-研究-中国 Ⅳ.①F832.49

中国版本图书馆 CIP 数据核字（2022）第 094202 号

责任编辑：张 莹　　责任校对：胡永立
封面设计：陈宇琰　　责任印制：刘春年

REITs 市场建设——境外实践与中国路径

REITs SHICHANG JIANSHE——JINGWAI SHIJIAN YU ZHONGGUO LUJING

中国财政经济出版社 出版

URL：http：//www.cfeph.cn

E-mail：cfeph@cfeph.cn

社址：北京市海淀区阜成路甲 28 号 邮政编码：100142

营销中心电话：010-88191522

天猫网店：中国财政经济出版社旗舰店

网址：https：//zgczjjcbs.tmall.com

北京时捷印刷有限公司印刷 各地新华书店经销

成品尺寸：170mm×240mm 16 开 13.5 印张 188 000 字

2022 年 8 月第 1 版 2022 年 8 月北京第 1 次印刷

定价：42.00 元

ISBN 978-7-5223-1460-0

（图书出现印装问题，本社负责调换，电话：010-88190548）

本社质量投诉电话：010-88190744

打击盗版举报热线：010-88191661 QQ：2242791300

序　言

党的十九届五中全会指出，当今世界正经历百年未有之大变局，新一轮科技革命和产业变革深入发展，人们习以为常的全球化遭遇逆风，民粹主义、保护主义等思潮在全球范围内掀起“回头浪”，全球发展的不稳定不确定性明显增加。面对国内国际环境的复杂变化，党中央审时度势提出构建“双循环”发展格局，是事关全局的系统性深层次变革。从科技周期和经济规律“长镜头”出发，聚焦金融体系和资本市场，构建新发展格局需要深刻把握和思考以下问题：

第一，国际分工与合作格局面临重大调整，通过创新突破低增长困局是未来时代发展的主旋律。科技创新推动要素生产率持续提升，是驱动经济增长的“第一动力”。众多经济指标表明，上一轮科技革命的增长动力逐渐衰减，要素生产率即将达到顶部均衡点。需求侧或供给侧调控手段，只能做到局部性经济复苏，难以避免整体性衰退。科技创新成为经济发展的核心，科技自立自强成为国家发展的战略支撑。

第二，当前正处在新一轮科技革命导入期的探索阶段，最先形成新发展范式者将掌握先机。技术扩散理论将科技革命划分为导入期和拓展期，每个阶段可能持续30至40年。尽管人工智能、生命科学、太空探索等突破性成果不断涌现，但科技革命仍停留在多点突破阶段，集群式创新仍未来临。据此判断，当前科技革命还处在导入期的探索阶段，这种状态也许会持续10至20年。在这个阶段，产业组织模式的变化尚未触及本质，固有的社会经济范式仍起主导作用，率先建立促进“新技术+新经济”耦合的新范式，将是发展的关键。

第三，创新资本兼具引领性、前瞻性和高波动性特征，亟须更加完善的金融监管体系保驾护航。历史规律表明，在科技、资本和实体经济循环发展的链条中，金融资本的嗅觉异常灵敏，发展也往往领先于产业，但是“忠诚度”也往往较低，在引领发展的同时，会产生混乱甚至暂时的衰退，处理好发展与稳定这个矛盾统一体，是发挥资本市场枢纽功能的核心要义所在。

中国特色社会主义市场经济历经 40 余载披荆斩棘，资本市场也经历了 30 年风雨，取得了从无到有的突破，从单一板块到多层次市场体系的发展。近年来，以注册制改革为龙头的一系列资本市场关键制度的创新，有力地支持了科技创新与实体经济的融合发展。与此同时，深交所积极把握发展契机，稳步推出一批先行先试改革举措，向着“优质创新资本中心和世界一流交易所”的目标不断奋进。但需要看到的是，资本市场的基础性制度仍不够健全，仍然存在较多的体制机制障碍。充分发挥资本市场枢纽功能，促进科技、资本与实体经济高水平循环，是当前及今后一段时期的工作核心。

一是坚定不移地推进市场化进程，推动提升直接融资比重。新一轮科技革命的广度和深度前所未有，对创新风险的市场化分担机制提出了更高要求。间接金融的低风险低收益本质，难以匹配高风险高收益的创新活动；间接金融的很多创新举措，实质是将风险转移或传导至直接金融市场，以实现风险共担、利益共享。针对我国直接融资占比不足 30% 的现状，要紧紧抓住注册制改革这个“牛鼻子”，持续健全多层次资本市场体系，集各方合力发展壮大直接金融市场。

二是加强投资端制度建设，打造有利于吸引中长期资金的市场环境。长期资金占比是影响资本市场稳定的重要因素，也是决定直接融资比重高低的核心变量之一。面对长期化投资产品和投资理念发展不充分、稳定而优秀的投资机构发展不充分等问题，要增加产品供给和制度供给，加快构建长期资金“愿意来、留得住”的市场环境。

三是优化金融监管理念，打造更加友好的创新支持市场生态。监管政策无法完全走在创新实践之前，但前瞻性的监管理念、内在协调的制度体系可以有效引领创新发展。注册制改革虽已顺利推出，但是相应的配套制度仍不完善，现有的监管体系表现出较多的不适应，要在市场准入和退出制度、日常监管体系等方面有系统性的突破和改进。

资本市场的改革"牵一发而动全身"。对于如何疏通多层次市场体系的堵点、连接断点，如何围绕产业链、供应链、创新链布局产品线，如何实现监管制度的自我革新和全面突破等问题，必须坚持系统观念，加强前瞻性思考、全局性谋划。这就要求全面深入的调查研究必须走在前面。

深交所研究所成立于1997年，是资本市场体系内的高层次研究机构。20多年来，研究所始终以重大性、基础性、前瞻性课题研究为导向，持续跟踪、深入探索资本市场发展改革相关问题，形成了一批影响深远的研究成果，诸多政策建议已被应用于改革实践中。值此深交所成立30周年之际，我们将多年来的研究成果集中展现、结集出版，以便向监管机构、研究人员提供新的素材和研究视角，向广大市场参与者传递正确的金融历史观和投资价值观。

本丛书内容丰富，涉及交易所发展趋势、资本形成、产品战略、监管实践等多个领域。既有对重大改革措施的历史回顾，也有对亟待突破领域的前沿探索；既有对经济金融理论的有益拓展，也有对市场建设实践的总结提炼；继承与创新并存，兼具理论价值与现实意义。希望本丛书能够吸引更多有志之士共同关注和参与资本市场改革发展事业，将论文呈献给祖国，把成果融入事业，合力探索适应中国国情的金融、科技与产业良性互动融合发展之路。

深圳证券交易所总经理　沙雁

2022年6月

前　言

不动产信托投资基金（REITs）是境外市场较为成熟的金融产品，发展 REITs 市场对我国实体经济与资本市场发展具有积极意义。截至 2020 年 6 月，全球超过 40 个国家或地区已制定与 REITs 相关的法规，全球 REITs 市场总市值逾 1.75 万亿美元。REITs 发展初期主要集中于购物中心、酒店、租赁住房以及写字楼等传统商业领域。随着 REITs 实践的不断探索，REITs 市场的广度与深度均在不断加强，底层资产覆盖领域明显扩大，高速公路、物流、能源等基础设施占据了相当的市场份额。从成熟市场经验看，REITs 具有流动性较高、收益相对稳定、安全性较强等特点，能有效盘活存量资产，拓宽社会资本投资渠道，提升直接融资比重，增强资本市场服务实体经济能力。

深圳证券交易所对 REITs 相关领域进行了深入研究，积累了丰富的实践经验，始终全力支持基础设施公募 REITs 市场建设。深圳证券交易所自 2003 年即着手研究 REITs，2006 年以来与相关市场主体共同合作设计产品、储备项目，并积极参与中国证监会有关 REITs 产品的制度设计与项目论证工作，为 REITs 产品的推出做了充分准备。自 2014 年开始，深圳证券交易所相继推出国内首单依托资产证券化业务的私募 REITs“中信启航”、首单以公募基金为载体的 REITs“鹏华前海万科”、首单物流仓储私募 REITs“中信华夏苏宁云享”等创新项目，截至 2020 年 6 月，累计完成发行私募 REITs 产品 41 单，发行规模 849.42 亿元。经过多年的探索，深圳证券交易所在私募 REITs 领域积累了丰富的产品创新、评审和持续监管经验，已形成境内规模最大、不动产类型覆盖全、市场引领效应强和多元化投资者聚集的 REITs 市场。近期，深圳证券交易所积极推动深市基础设施公募 REITs 市场建设：一是完善公募 REITs 配套规则体系；二是完成基础设施公募 REITs 相关技术系统开发；三是加强市场培育和投资者教育；四是完善审核质量控制机制，提升项目审核质效；五是确保发售环节平稳有序。

基础设施、住房租赁、公共资产等领域受到监管和市场的较多关注，将成为我国公募 REITs 优先发展的领域，本书将对这三类 REITs 展开重点分析。

境外基础设施 REITs 通常在财政资金难以支撑基建资金需求的背景下推出，具有规模大、收益高、投资者多元、底层资产分散等特点。基础设施 REITs 能够显著降低原始权益人的融资成本、负债率和税收负担，有利于提高基础设施的运营效率。境外基础设施 REITs 规则与一般 REITs 不同。一是美、日基础设施 REITs 底层资产覆盖范围相对较窄；二是对参与主体资格和义务要求更高；三是一般对在建项目设立 REITs 有严格限制；四是对利润分配和关联交易的要求不同。

目前，境外住房租赁 REITs 市场呈现如下特点：第一，住房租赁 REITs 是 REITs 市场的重要组成部分，底层资产数量多、类型丰富，收益率在 REITs 市场中处于中等水平，但资产负债率偏高，运营能力高于租赁市场平均水平。第二，住房租赁 REITs 的发展需要合适的市场环境，包括发达的租赁市场和相对成熟的房地产金融。第三，住房租赁 REITs 市场的发展也需要相应的制度支持，尤其是税收优惠政策。第四，境外住房租赁 REITs 产品设计和运行各具特色。产品结构上，主要有公司型和契约型两种；产品募集形式上，公募和私募并存；负债率上，住房租赁 REITs 倾向高杠杆运营；管理模式上，内外部管理各有特色，不同模式均取得了不错效果，其核心在于提升资产管理能力。

中国香港的领展 REITs 是著名的以公有财产私有化发行的 REITs 产品，在商业上较为成功，主要得益于基础资产优质、房地产市场复苏、监管规则持续优化、国际成熟资产管理机构参与和内部有效的激励制度。不过，领展也对社会造成一定负面影响：一是公共资产私有化时可能存在资产被贱卖的情况；二是推高公屋居民生活成本；三是公屋配套设施满足居民基本生活需求的功能被弱化。总结领展的发展历程，我们可得出以下启示：其一，在依托公共资产发行 REITs 时，应注意公共性与经济性的平衡；其二，REITs 的组织结构和管理模式没有绝对的优劣之分，管理能力提升和激励机制设计是保证运营效率的关键。

另外，本书还介绍了交易型开放式指数基金（REITs ETF）。近年来，美国 REITs 交易型开放式指数基金市场发展较为成功，其产品体系丰富、中长期回报率高，市场规模位居全球第一位。REITs ETF 具有五大特征：成本低、活跃度高以及追踪误差小；发行人和指数提供商高度集聚在前四位，占比均在 90% 以上；中长期收益和分红明显高于非 REITs ETF；基础资产丰富且集中；风险差异大，整体小于 REITs。

REITs ETF 的成功应具备四点要素：一是高度发达的 REITs 市场；二是包容性强、风险收益表现优异的标的指数；三是做市商能力强，流动性充裕；四是投资者众多，高度认可 REITs 及其 ETF 产品。研究上述产品和市场，有利于我国提前布局 REITs ETF 市场，我们可从以下着手：一是探索发展公募 REITs 和 REITs 指数，适时推出相关 ETF 产品；二是探索和开发全球 REITs ETF，并研究杠杆和反向 REITs ETF 产品。

作者

2022 年 6 月

目　　录

第一章

REITs 市场发展概述

第一节　发展 REITs 市场的重要意义

不动产信托投资基金（Real Estate Investment Trust，以下简称“REITs”）是一种依照专门法律程序成立，主要从事不动产项目投资，以发行收益凭证（基金单位或股票）的方式汇集特定投资者（专业投资者或者大众投资者）的资金，由专业机构经营管理其底层资产，以租金收入作为主要收益来源，且将收益高比例分配给投资者的组织（信托或公司法人）。作为国际通行的配置资产，REITs 具有流动性较高、收益相对稳定、安全性较强等特点，能有效盘活存量资产，拓宽社会资本投资渠道，提升直接融资比重，增强资本市场服务实体经济能力。

一、发展 REITs 有利于支持实体经济服务供给侧改革

随着中国不动产市场从增量时代进入存量时代，引入 REITs 可以盘活巨额的存量资产，既有利于促进不动产市场的“去库存、去杠杆”，也有利于化解地方政府债务风险。新近推出的基础设施公募 REITs，能够加大对传统基础设施和新型基础设施领域的金融支持力度，有助于进一步支撑实体经济发展。

地方政府通过举债形成了规模巨大的基础设施存量资产，亟须盘活资产、缓解债务压力。截至 2019 年底，全国地方政府债券余额 21.31 万亿元，其中一般债务 11.87 万亿元，专项债务 9.44 万亿元；非政府债券形式存量政府债务 0.19 万亿元。以债务率考察地方政府债务风险，贵州、辽宁、宁夏、福建和云南的债务率高于警戒线 100%，全国一半以上省份的债务率过 80%，地方政府债务率整体偏高（如图 1－1 所示）。若考虑城投债（7.98 万亿元），则一半以上省份债务率过 100%；若再考虑地方政府隐性债务（据 IMF 2020 年第四条款磋商报告测算，2019 年底我国地方政府隐性债务为 34.7 万亿元，2019 年底为 30 万亿元），绝大多数省份的债务率均过警戒线。而我国政府债务主要用于固定资产投资，2003—2017 年，电力、热力、燃气及水的生产和供应业，交通运输、仓储和邮政业以及基础设施建设三个行业累计投资完成额高达 172.32 万亿元，形成了大量的固定资产。

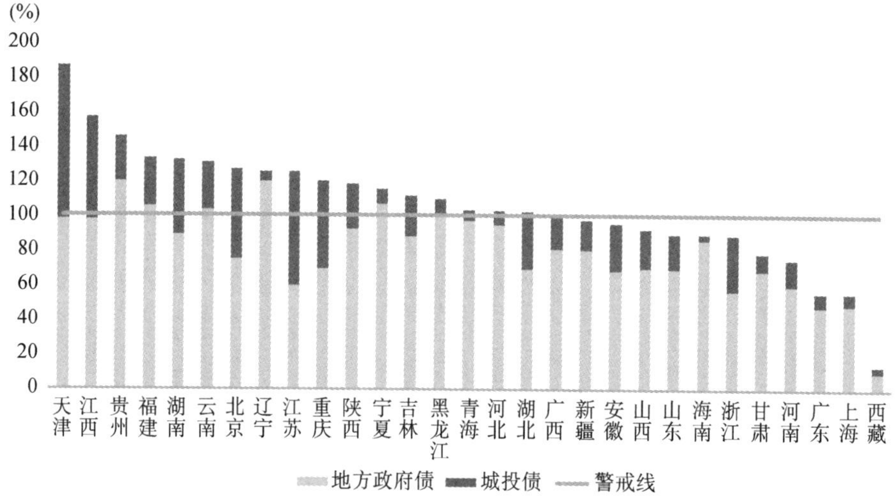

图 1－1 2019 年底地方政府债务率

注：根据各地方政府 2019 年预算执行情况报告整理得到，四川、河北、内蒙古数据缺失；城投债数据来自 Wind。

REITs 作为创新的资产证券化产品，既能够有效盘活存量基础设施、缓解地方政府债务风险，也能够支持新型基础设施建设，助力实体经济发展。一方面，发展基础设施 REITs，引入专业的运营商或战略合作伙伴与市场化的运营机制，并借助资本市场收购、兼并优质的同类地方基础设施，可以实现规模化、集约化和专业化运营，能够有效提升基础设施的运营效率。另一方面，基础设施 REITs 可以盘活地方政府的存量资产，降低宏观杠杆率，化解地方债务风险。此外，还能够吸引更多的社会资本参与数据中心、5G 等新型基础设施的建设，为经济发展赋能。

二、发展 REITs 有利于促进不动产行业的良性发展

REITs 的推出有助于平滑不动产价格的波动。强制分红的制度设计与市场约束双重制约 REITs 增发扩募，激励 REITs 管理人购买低估值、高收益率不动产，而抛售高估值、低收益率资产。从 2003—2011 年的情况来看，2003 年美国房地产价格偏低，市场不断升温，REITs 的收购力度也显著提升；2004—2006 年，REITs 净收购额均超过 300 亿美元；2008 年金融危机前，美国房地产市场泡沫严重，估值明显偏高，REITs 净收购额大幅下降；2008—2009 年，REITs 抛售不动产的金额均超过 50 亿美元；2009 年以后，不动产价格大幅下降，估值偏低，REITs 率先买入大量不动产；2010 年和 2011 年净收购额近 200 亿美元和 700 亿美元（如图 1－2 所示）。此外，从美国住房租赁市场的实践来看，住房租赁 REITs 也遵循“购买低估值、高收益率不动产，抛售高估值、低收益率资产”的原则，能够在一定程度上平滑房地产市场的波动，可以践行“房子是用来住的，不是用来炒的”定位（如图 1－3 所示）。

同时，发展 REITs 亦可以有效盘活巨额的不动产资产，促进房地产行业从“重资产”运营向“轻资产”运营转变，部分企业还打造了“地产＋REITs”双平台运营模式，实现了良性循环。以越秀集团为例，其旗下的越秀房托资产管理有限公司管理越秀房产基金，拥有近 40% 的股权，能够购买越秀地产优质的商业物业，而越秀地产的权益资本和信贷能够有序退

出，不仅能够控制越秀房产基金的运营，还可以享受因商业地产增值而产生的红利。

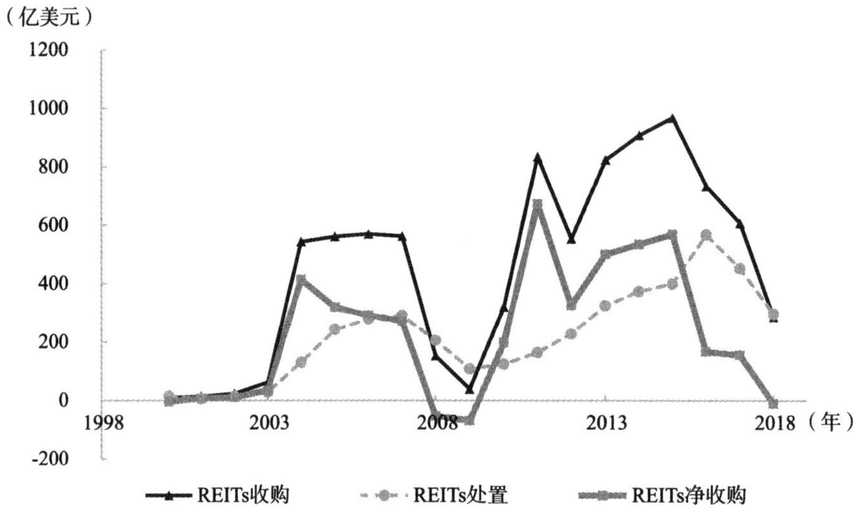

图 1 – 2　美国 REITs 资产处置情况

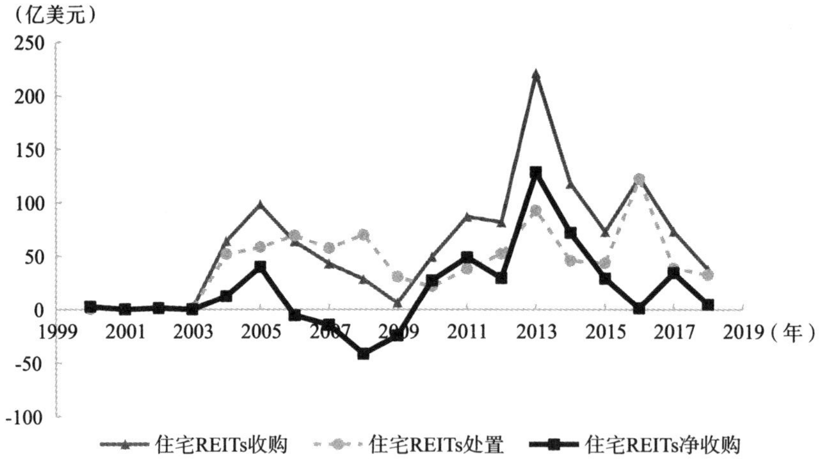

图 1 – 3　美国住房租赁 REITs 资产处置情况

三、发展 REITs 可新增大类资产配置品种，拓宽居民财产性收入渠道

REITs 作为独立于股票、债券、现金的新型大类资产，能够为投资者

提供有高收益风险比的投资品种。全球行业分类标准（Global Industry Classification Standard，以下简称“GICS”）由标准普尔和明晟指数在 1999 年共同推出，将全球上市公司按产业划分为 10 个大类，被投资界和学术界奉为圭臬，是全球应用最广泛的产业分类标准。在 2016 年 9 月，标准普尔道琼斯指数和明晟在全球行业分类标准中，将房地产部门（Real Estate）从金融部门（Financial）剥离出来，独立成为资产类别，这是 GICS 诞生 23 年以来首次做出重大调整。在标准普尔 500 指数成分股中，房地产部门份额占比为 4%，而权益型 REITs 占房地产部门份额的 98%，这足以证明 REITs 经过多年来的演进，已成为全球投资者不容忽视的资产类别。

REITs 有助于拓宽居民财产性收入渠道。不动产投资金额巨大，普通投资者难以参与其中，而 REITs 为广大市场参与主体提供了投资机会，使其能够分享实体经济发展和不动产市场保值增值的红利。以美国市场为例，一方面，约 80% 的投资顾问、投资管理公司均强烈支持配置 REITs 资产，他们建议的最优比重在 5%～15%。目前约 40% 的美国家庭、8000 万个人投资者曾经直接或间接投资过 REITs。另一方面，REITs 长期回报率在大类资产中位居前茅，截至 2019 年底，REITs 的 20 年平均年化收益率为 11.60%，同期标普 500、道琼斯工业指数以及纳斯达克综指收益率仅为 6.06%、7.59% 和 4.03%。且 REITs 估值与底层资产高度相关，一般情况下不动产市场韧性较强，能够经受危机的考验，所以美国 REITs 估值在次贷危机后于 2010 年超过前期峰值，此后一直处于相对稳定的水平。

第二节　全球主要市场发展概况及规则体系

一、全球主要 REITs 市场发展概况

REITs 起源于 20 世纪 60 年代的美国，其后，其他经济体也陆续推出

REITs 规则。截至2020年6月，全球有超过40个国家或地区已制定REITs相关法规，近20年推出相关法规的国家或地区数量明显增多（如图1-4所示）。从市场规模看，截至2020年6月，全球REITs市场总市值逾1.75万亿美元，美国（177只、1.08万亿美元）、日本（62只、1293亿美元）和澳大利亚（45只、843亿美元）是全球市场规模最大的REITs市场（如表1-1所示）。

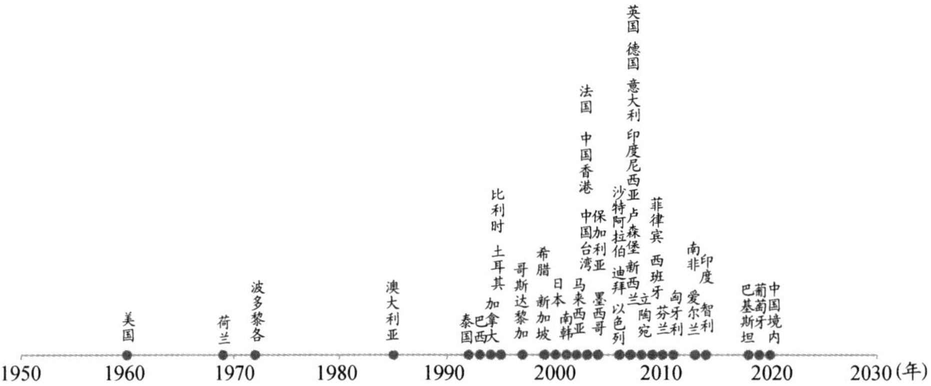

图1-4　全球已经具有REIT法规的国家或地区及其设立法规的时间

数据来源：《EPRA Global REIT Survey 2020》。

表1-1　　2020年6月全球主要市场上市权益型REITs数量及规模

国家或地区	REITs只数	总市值（亿美元）	占全球REITs指数的权重[①]（%）
美国	177	10825	66.41
澳大利亚	45	843	3.96
日本	62	1293	9.22
英国	53	695	5.27
新加坡	36	689	3.22
法国	28	476	1.54
加拿大	45	550	3.36
荷兰	5	105	0.88
中国香港	11	293	1.75
南非	31	103	0.47

数据来源：《EPRA Global REIT Survey 2020》。

① 指FTSE EPRA Nareit Global REITs Index。

REITs 发展初期主要集中于购物中心、酒店、租赁住房以及写字楼等传统领域。随着 REITs 实践的不断探索，REITs 市场的广度与深度均在不断加强，底层资产覆盖领域明显扩大，高速公路、物流、能源等基础设施占据了相当的市场份额。

在基础设施 REITs 领域，美、日等成熟市场已有丰富实践经验，印度等新兴市场亦在不断积累经验。美国基础设施 REITs 市场资产类型丰富、规模较大，截至 2020 年 6 月，美国共有 39 只、5291 亿美元的基础设施 REITs 产品，在全市场规模占比达 42%。日本 REITs 市场于 2005 年和 2014 年推出物流仓储 REITs 和健康医疗 REITs，截至 2020 年 6 月，共有 9 只、196 亿美元基础设施 REITs 产品，在全市场规模占比约为 15%。印度市场于 2016 年起步，基础设施 REITs 的发展先于传统商业物业 REITs，截至 2019 年 3 月底，已推出 2 只公募基础设施 REITs。

二、主要市场公募 REITs 规则要点

REITs 的组织形式分为公司型和信托型两种，管理模式分内部管理和外部管理。美国 REITs 大多为公司型，并采取内部管理模式，由公司董事会聘任内部管理团队进行资产管理；日本 REITs 的发展借鉴了美国经验，大部分以公司形式存在，但与美国市场不同的是，采用了外部管理模式；中国香港 REITs 均为契约型，形式上为外部管理模式，实质上为内部管理模式。以领展 REITs 为例，根据契约关系，领展资产管理有限公司是领展 REITs 的管理人。同时，领展 REITs 作为一个投资信托，投资并持有领展资产管理公司 100% 的股权。在此架构下，领展 REITs 事实上采用的是内部管理模式。

REITs 的资产结构、收入来源、收益分配、杠杆率水平受到严格的限制。从资产结构来看，主要市场 REITs 规则均要求 REITs 资产结构以不动产相关资产为主；从收入来源来看，REITs 绝大部分的收入来源于不动产相关的租金收入；从收益分配来看，几乎所有 REITs 规则均要求 90% 以上

的收益要用于分红；从杠杆率水平看，各国对资产负债率均有所限制，中国香港和新加坡规定资产负债率不得超过资产总值的45%；美国对资产负债率无限制，但实践中不超过50%；日本并无明确规定，但REITs仅能向合格机构投资者借贷。

主要市场REITs秉承税收中性原则，交易和持有环节均有税收优惠政策。交易环节，境外REITs在企业所得税、契税和房产转让税等税种上有优惠政策。例如，日本规定REITs享有企业所得税、契税和房产转让税优惠，且鼓励长期持有房地产。美国规定REITs用于分红的资本利得享有企业所得税优惠，出售物业利得用于分红的部分免税。中国香港规定，企业出售房地产获得的资本利得需要缴纳16.5%的企业所得税，但REITs处置资产获得的收入，可以免征企业所得税（如表1－2所示）。持有环节，主要市场REITs应税收入用于分红的部分，对应的企业所得税予以免征或允许税前抵扣。例如，美国和日本企业所得税税率分别为21%和35%，不过REITs规则规定，用于分红部分，可以税前抵扣。

表1－2　　不同国家或地区REITs规则的对比

监管要求	美国	中国香港	新加坡	日本
资产结构	至少75%投资于不动产、抵押贷款、其他REITs的份额、现金或是政府证券	只可以投资于房地产项目	能够产生稳定收入的不动产占全部所管理资产的75%以上。总资产的30%可投资于政府公债及上市债、非房地产公司的公司债或股份、现金或其他现金等价物；对单一房地产开发商的投资不得超过其资产的10%	不动产及不动产信托受益权资产占全部所管理资产的70%以上；不动产、不动产信托受益权、不动产关联资产及流动资产占全部所管理资产的95%以上

续表

监管要求	美国	中国香港	新加坡	日本
收入来源	总收入中来自地产的租金、利息以及相关抵押贷款不得低于 75%；总收入中来自不动产及相关被管理收入（如分红或利息）的比例不低于 95%	收入必须源自房地产项目的资金收入	收入必须来自合格投资	主要收入来自房地产租金
组织结构	信托或公司形式	信托形式	信托或公司形式	信托或公司
管理人	外部或者内部	外部或者内部	外部	公司型 REITs 需要委外管理
杠杆率	无限制，市场数据显示一般不超过 50%	不超过资产总值的 45%	不超过资产总值的 45%，有资信评级后可以不超过 60%	无，仅可以向合格的机构投资者借贷
收益分配	90% 的收入必须作为红利分配	至少是经审计的税后年净收入的 90%	至少 90% 的应税收入分配给投资者	必须将至少 90% 的可分配利润分配给投资者
税务	如果 REITs 以现金红利方式将每年度大部分盈利回报给投资者，公司所得税则不需缴纳	租金收入用于分红的部分免税	达到收益分配要求，则免税	分红计入税前成本

数据来源：根据公开资料整理。

与一般 REITs 相比，基础设施 REITs 涉及较多的公共利益，部分国家在规则体系的设计上有一定的特殊性。

一是，基础设施资产因专业化运营对参与主体资格和义务要求更高，如日本规定基础设施基金应详细公布选取运营商的政策和标准，确保上市后基础设施资产能持续运营并产生稳定的现金流。

二是，基础设施 REITs 对关联方交易的限制较为严格。此外，若发起人实质上承担基础设施的运营责任，则持股比例可适当放松，如印度规定持有的最低份额可从 25% 下降到 15%。

三是，基础设施 REITs 对不动产的界定更为详细准确，如美国国税局需要在私人批复函中按照一事一议的原则予以认定。

四是，基础设施 REITs 因政府目的不同，各国亦有不同的制度安排。印度规定私募 REITs 可以支持在建基础设施建设，日本规定底层资产为可再生能源发电设施的基础设施项目，享有与 J - REITs 相同的“税收通道”处理。

第三节　成熟市场 REITs 二级市场运行特征

REITs 二级市场运行与传统股票市场呈现不同的特征，二级市场流动性、波动性以及定价效率是衡量运行情况的重要维度（如表 1 - 3 所示）。2000—2020 年 6 月，美国 REITs 二级市场运行情况显示，REITs 二级市场运行平稳、韧性较强。虽然次贷危机对 REITs 二级市场运行造成一定冲击，但危机后，市场运行效率较快恢复至历史平均水平。

表 1 - 3　　主要指标定义及计算方法

衡量性质	层次指标	理论含义	方向说明	计算说明
流动性	冲击成本指数	是指完成一定金额的交易对市场价格造成的冲击程度，用 Amihud（2002）的非流动指标衡量，为收益率的绝对值除以成交量的加权平均值	冲击成本指数越大，说明交易的成本越高，该证券的流动性越差	鉴于数据限制，根据月度数据计算得到
	换手率	一定时间内市场中 REITs 份额转手买卖的频率，反映市场对价格走势的分歧度，能够部分衡量流动性	换手率越大，市场对价格走势分歧越大，部分反映流动性越高	根据年度数据计算得到
波动性	收益波动率	是指以收益率标准差衡量波动的幅度	收益波动率越大，表示证券价格波动越大	根据月度收益率计算
有效性	REITs 份额价格同步性	REITs 收益与市场收益回归所得到的拟合优度 R2	REITs 份额价格同步性越大，表示市场效率越低	根据月度收益率计算得到

一、REITs 的流动性

从冲击成本指数①看，根据月度数据，REITs 指数流动性前期不断提升，2012 年以后处于稳定水平，截至 2020 年高于道琼斯工业指数，低于标普 500 和纳斯达克综指。2001 年 10 月后，随着 REITs 逐步被纳入标普指数，其流动性明显提升。冲击成本指数从 2000 年的 522 个基点下降至 2006 年的 79 个基点，次贷危机期间小幅上涨至 120 个基点，次贷危机后不断下行至 2012 年的 31 个基点，此后多数年份在 25 个基点附近波动，整体处于稳定水平（如图 1－5 所示）。截至 2020 年 12 月，REITs 指数冲击成本指数为 26 个基点，而同期道琼斯工业指数、标普 500 和纳斯达克综指

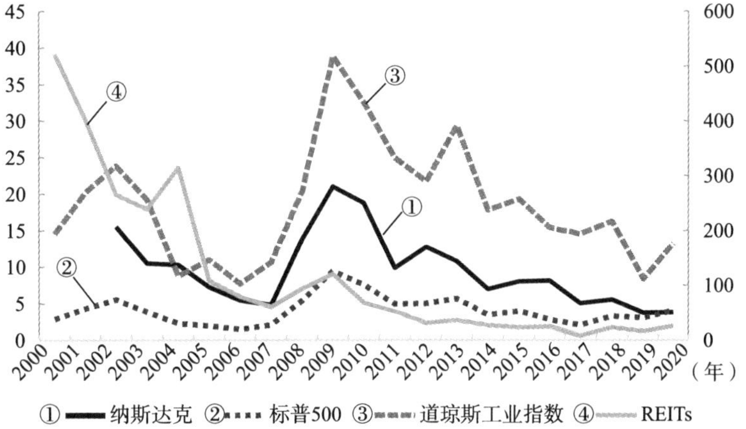

图 1－5 2000—2020 年 REITs 指数和三大股指冲击成本指数（基点）

数据来源：美国房地产投资信托协会（NAREITs）。

注：左轴为美国三大股指冲击成本指数，右轴为 REITs 冲击成本指数。

① 冲击成本指数和换手率是测算流动性的常用指标，换手率主要反映市场对未来走势的预期存在分歧，冲击成本指数衡量一定金额的交易对市场价格造成的冲击程度（流动性反向指标），能更好地体现流动性水平。鉴于数据限制，本书中冲击成本指数根据月度数据计算得到。

冲击成本指数分别为 13 个、4 个和 4 个基点①。

此外，换手率指标也表明 REITs 流动性较好，但次贷危机期间交易过于频繁。换手率主要反映市场对未来走势的分歧，也能在一定程度上反映流动性。REITs 指数换手率从 2000 年的 0.66 上涨到 2006 年的 1.47，略低于纳斯达克综指的 1.74。经济危机期间，美国房地产市场价格处于震荡状态、趋势并不明显（如图 1 - 6 所示），市场对 REITs 未来走势判断存在较大分歧，换手率不断攀升，2007 年首次超过纳斯达克综指，2009 年达到峰值 5.04，远高于美国三大股指。此后，随着美国经济和房市企稳，REITs 指数收益率趋于稳定，换手率于 2012 年回归至平均水平，近年一直在 1.57 ~ 1.88 波动（如图 1 - 7 所示）。图 1 - 8 展示了 2000—2020 年美国 REITs 成交量的数据。

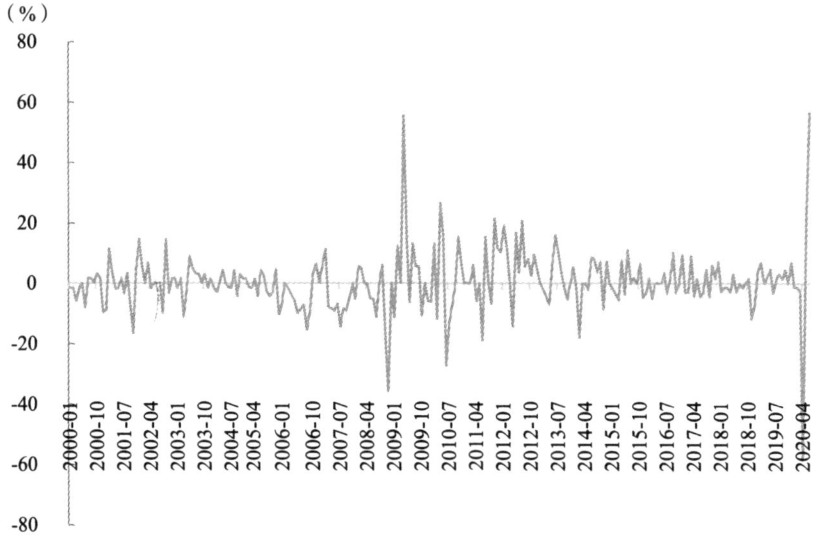

图 1 - 6　2000 年 1 月至 2020 年 4 月全美住宅建筑商协会/富国银行住房市场指数环比增速

数据来源：万得（Wind）。

① REITs 冲击成本指数与金融市场流动性负相关：2008—2017 年美联储实行量化宽松政策，冲击成本指数从 2009 年的 120 个基点下降至 2017 年的 7.7 个基点；2017 年 10 月美联储启动资产负债表正常化计划收紧流动性，冲击成本指数小幅回升至 21 个基点。

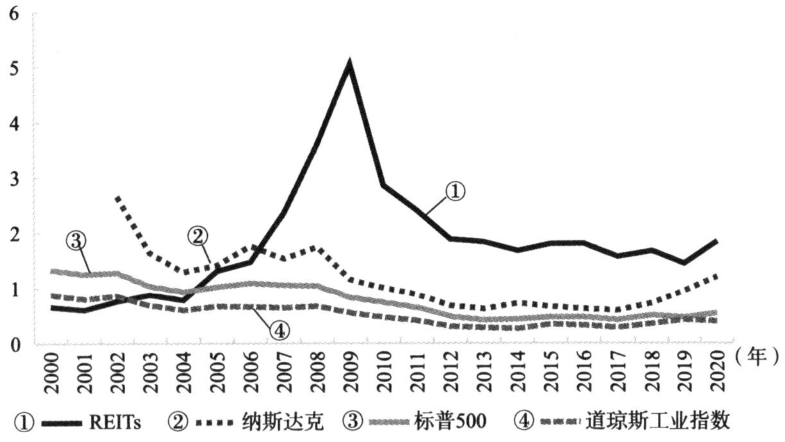

图 1－7　2000—2020 年 REITs 指数和三大股指换手率

数据来源：美国房地产投资信托协会（NAREITs）。

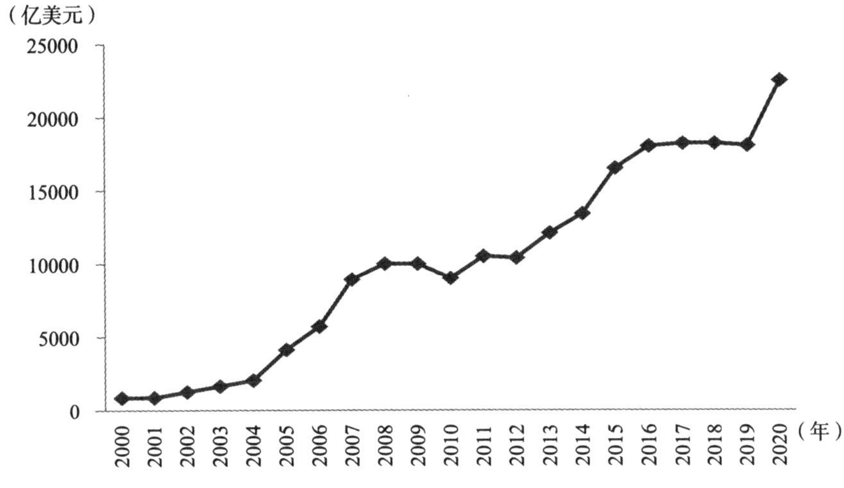

图 1－8　2000—2020 年美国 REITs 成交量

数据来源：根据美国房地产投资信托协会（NAREITs）官方数据整理计算得到。

二、REITs 的波动性

从收益率标准差来看，REITs 指数波动性与纳斯达克综指相当，高于标普 500 和道琼斯工业指数，但次贷危机期间波动性显著高于三大股指。

2000 年至 2020 年 6 月，REITs 指数和纳斯达克综指波动性为 0.06，而道琼斯工业指数和标普 500 仅为 0.04。次贷危机期间 REITs 指数波动性明显提升，显著高于三大股指，余下时期 REITs 指数波动性略小于纳斯达克综指，稍高于道琼斯工业指数和标普 500[①]（如图 1－9 所示）。

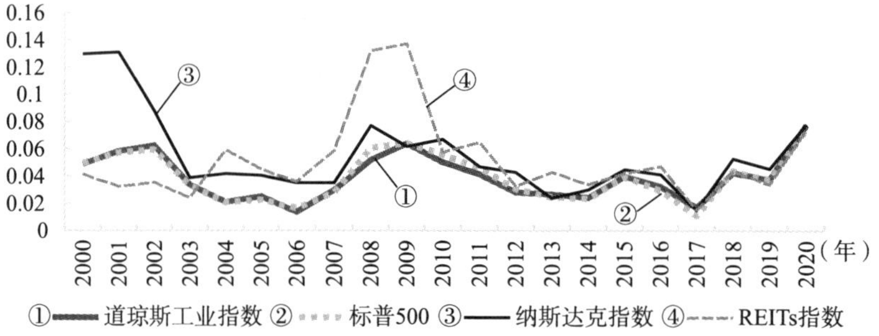

图 1－9　2000—2020 年 REITs 指数和三大股指波动性

数据来源：美国房地产投资信托协会（NAREITs）。

与房地产市场相关的危机，对 REITs 市场造成的冲击较大。REITs 指数和纳斯达克综指基础资产较为集中，分布在房地产和高科技行业，这两个指数更容易受行业因素影响，波动性相对更大。因此次贷危机对美国房地产市场冲击最大，直接影响 REITs 基础资产，危机期间 REITs 指数波动性显著上升，远高于三大股指。而互联网泡沫破灭对房地产市场影响较小，REITs 指数波动性处于低位，小于三大股指波动性。

三、REITs 二级市场的定价效率

参照股价同步性计算方法，可用 REITs 份额价格同步性指标衡量 REITs 二级市场的定价效率（反向指标）：通过每只 REITs 收益与市场收益回

① 次贷危机期间，REITs 指数波动性显著高于三大股指，2007—2009 年 REITs 指数波动性显著提升，波动性为 0.059～0.137，远高于三大股指，如纳斯达克综指波动性为 0.035～0.077。余下时间，REITs 指数波动性小于纳斯达克综指，大于标普 500 和道琼斯工业指数，如 2012—2020 年 REITs 指数波动性为 0.043，略小于纳斯达克综指的 0.045，大于标普 500 的 0.038 和道琼斯工业指数的 0.039。

归得到的拟合优度 R2 衡量，反映单只 REITs 份额价格变动与市场平均变动之间的关联性①。

从 REITs 份额价格同步性指标来看，二级市场定价效率整体较为稳定，次贷危机期间相对较差。次贷危机前 REITs 份额价格同步性较低，介于 0.06～0.11，定价效率较高。次贷危机期间，多数 REITs 份额价格与市场共振、明显下跌，其份额价格同步性上升至 2009 年的 0.32，二级市场定价效率显著降低。次贷危机后 REITs 二级市场逐步恢复稳定，机构投资者持股比重不断增加，定价效率显著提升。REITs 份额价格同步性从 2009 年的 0.32 下降至 2019 年底的 0.11（如图 1－10 所示）。2012 年以后 REITs 定价效率处于相对稳定水平，大多年份 REITs 份额价格同步性在 0.25 左右。

图 1－10　2000—2020 年 REITs 份额价格同步性

数据来源：美国房地产投资信托协会（NAREITs）。

第四节　我国 REITs 市场发展的基础条件及挑战

我国监管部门早在十几年前就着手研究 REITs 市场，但 REITs 市场的

① REITs 份额价格同步性低，REITs 二级市场定价效率高，定价能够更好反映公司基本面信息。

形成与发展，依赖特殊的宏观经济环境、发展成熟的不动产相关行业、广泛多元的配套制度改革以及多部委紧密的监管合作。我国公募 REITs 规则已相继推出，基础设施、住房租赁等领域受到监管和市场较多关注，将成为我国公募 REITs 优先发展的领域。

一、我国 REITs 市场发展的基础条件

房地产行业转型、基础设施投融资市场化改革，构成公募 REITs 市场发展的宏观背景。我国房地产市场正由“增量市场”转变到“存量市场”。2018 年以来，房地产销售额增速放缓，许多房地产企业在压力下探索多元化经营。我国积极推动租赁市场发展，房地产企业在租赁市场布局明显增多，行业呈现由“产销模式”转向“资管模式”的趋势，REITs 作为房地产企业转型的重要工具，房地产企业发起 REITs 的动力较强。在基础设施领域，我国城镇化建设融资模式目前已由早期的政府完全计划控制、财政预算支付，逐步转型为财政资金引导、市场资金配合的市场化融资模式。但整体来看，当前融资渠道仍较为集中，以政府为主导，市场化融资处于相对初级阶段。集中的融资渠道导致地方政府债务规模不断增长，并衍生出城投平台负担的大量隐性债务。REITs 作为动员社会资金、降低杠杆率的重要工具，日益受到大型国有企业和地方政府的重视。

基础资产规模大，公募 REITs 市场具有较大发展潜力。从住房租赁市场来看，我国现有租赁人口占比（12%）对比国际水平（美国 31%、日本 33%），还处于低位。未来受都市圈发展趋势、高房价及限购政策、新生代人群消费升级的影响，租赁人口规模和租赁质量要求还将上涨。据链家研究院测算，截至 2020 年我国租赁人口规模约为 1.83 亿人，预计到 2025 年，租赁人口将达到 2.3 亿人，到 2030 年，租赁人口将达到 2.7 亿人。从基础设施资产规模来看，1990 年，我国基础设施存量排在全世界第 15 位，2000 年上升到第 7 位，2010 年跃升为第 3 位，仅次于美国和日本，截至 2017 年末，中国城镇基础设施累计投资额达到 113.68 万亿元。延续

金戈（2016）和胡李鹏等（2016）的测算，2017 年底我国基础设施存量约为 80 万亿元，中国传统基础设施存量实际上已经排名世界第一位。

我国具备丰富的私募 REITs 实践经验，为公募 REITs 市场发展打下实践基础。2014 年我国首单私募 REITs 推出，此后私募 REITs 快速发展，截至 2020 年 6 月，国内已发行私募 REITs 产品 77 只，发行规模合计 1536 亿元。私募 REITs 产品的发展为我国公募 REIT 的产品设计积累了丰富的经验和案例，在会计处理、税务筹划、资产评估、产品评级、法律意见等多方机构的协调与磨合下，形成了一套可供参考的产品模式。例如，中信启航作为我国第一只权益类 REITs 产品，首次创设了“资产支持证券 + 私募基金”的双 SPV 结构，为当前公募 REITs“公募基金 + 资产支持证券”结构的雏形。

二、我国 REITs 市场发展面临的挑战

传统底层资产资本化率较低。第一，住房的资本化率在 4% 以下，一线城市的资本化率不到 2%，未来开展 REITs 面临较大难度。第二，一线城市甲级写字楼和零售产业的资本化率分别为 3.97% 和 4.50%，距离 5% 的分红仍有一定差距。未来在房价难以下行的背景下，预计租金仍保持缓慢增长，收益率或将继续下滑，开展 REITs 难度也会有所上升。第三，酒店资本化率较低，大多城市达不到 3% 的要求，面临的市场约束较大。2016 年底全国重点旅游城市星级酒店资本化率仅为 0.09%，其中仅三亚、上海、兰州、福州和厦门等城市回报率超过 5%；深圳、张家界和北京等城市资本化率介于 4%～5%；广州、丽江、温州、哈尔滨等城市资本化率均小于 4%。

目前专业运营机构数量不足且能力不强。以住房租赁市场为例，我国的专业租赁机构有两个特征。第一，发展时间短，市场份额低，运营经验少，公募 REITs 的运营效率难以保证。截至 2018 年底，我国租赁市场以居民个人房屋出租为主，机构出租者的占比仅为 2%。第二，租赁机构以分

散式、轻资产为主，大多数不具备作为 REITs 发起人的条件。2017 年排名前十位的租赁企业的公寓规模显示，分散式占比达 83.5%。

没有明确的税收中性政策。我国私募 REITs 产品承受的税负处于较高水平。例如，重组环节涉及增值税、土地增值税以及企业所得税等 7 种税收；持有环节涉及房产税、增值税以及企业所得税等 7 种税收，且所得税并无优惠，至少需要缴纳租金的 17% 和利润的 25% 的税收；退出环节，若出售项目公司股权，会涉及 0.1% 印花税和 25% 企业所得税，若出售资产，会涉及 11% 或 5% 的增值税和 30% ~ 60% 的土地增值税，若投资者在二级市场上出售份额，会涉及 6% 的增值税和 25% 的企业所得税。即使通过复杂的双 SPV 结构设计，节约股权转让中的税费，但总体负担仍然较重，降低了发行人的意愿。

第五节　我国 REITs 市场发展的路径选择及对策

一、以基础设施等重点领域为抓手发展公募 REITs 市场

破除基础设施类不动产证券化障碍。尽快制定规则支持基础设施的产权转让行为，并加强宣传推广。一方面各部委可加强合作，尽快转变观念，破除产权转让的障碍；另一方面可加强对长期投资者的宣传，推广深圳国资“以培训促推广”模式，做到“服务上门”，并给予投资者优惠政策，增加对保险机构、专项 PPP 基金等风险偏好低、期限偏好长的投资者的吸引力，部分解决回报率过低的难题。

加快推出租赁住房和公租房 REITs 产品。根据国务院《关于加快培育和发展住房租赁市场的若干意见》和住建部等九部委《关于在人口净流入的大中城市加快发展住房租赁市场的通知》精神，在 12 个首批住房租赁城市，积极推出 REITs，助力住房租赁市场。初期监管机构可以积极探索

试点部分收益率较高的保障房 REITs。我国已建成公租房 1300 万套，投资额约为 3 万亿元，其中部分公租房回报率能够达到要求，如广州。

积极试点健康医疗行业 REITs。健康医疗行业 REITs 经营资产可包括养老地产、医院物业和医疗办公楼等，初期多数物业以净出租模式运营，少数物业以委托经营模式运营。净出租模式下 REITs 收取固定租金费用，所有的直接运营费用、税费和保险费由租赁方承担。委托经营模式下 REITs 仅支付给运营商相当于经营收入 5%~6% 的管理费，承担大部分的经营风险和收益。

可考虑发展零售、物流、写字楼和酒店等 REITs 产品。当前市场上推出的零售、物流、写字楼和酒店等私募 REITs 收益率有保障，还有较大的发展空间。初期可以试点一、二线城市核心地段的底层资产 REITs，但仍需做好准入端的工作，严防风险。

二、出台有吸引力的税收优惠和投资者鼓励政策

对以 REITs 为目标的资产重组行为给予税收支持。在创设 REITs 过程中，发起人往往需对资产进行重组，如将标的资产注入项目公司。实践中除国有资产划拨外，其他该类行为有可能被视为交易，从而产生大量税费负担。由于发起人往往会在 REITs 中持有较大份额，因此标的资产的实际投资主体和控制权并未发生实质变化，该行为可视为企业内部重组。建议允许企业适用与企业内部资产重组相关的税收政策、规定，以分立、新设等形式，按资产账面价值注入企业新设的项目公司，从而无须适用增值税、土地增值税和所得税等。该税收优惠应扩大至以创设 REITs 为目标的所有企业，包括房地产企业和各种所有制企业。

进一步增加税收透明度，体现 REITs 设立行为的商业实质。对于设立 REITs 时，发行人将项目公司股权转让给 REITs 的股权转让行为，不应视同房地产销售，应属于重组行为，建议对其性质予以明确，不适用征收土地增值税。同时，该转让行为是 REITs 设立的基础，具有合理商业目的，

建议对该行为产生的企业所得税给予税率上的优惠或递延处理。

降低 REITs 经营环节的税负，体现对 REITs 的税收优惠待遇。不同主体持有资产并经营使用的税率差异较大，REITs 在持有经营物业的环节中税负较重，建议在一揽子税收方面试行优惠政策，可参照个人持有并出租房屋的情况，为 REITs 体系内的项目公司持有并出租房屋制定较低的综合税率。

鼓励投资者参与，丰富投资者群体。REITs 作为一个投资端产品，对于投资者的鼓励政策也是发展必不可少的。可借鉴美国经验，第一，允许个人投资者投资公募 REITs，充分体现公募 REITs 的普惠性质。第二，吸引养老金、企业年金等长期、追求稳定收益的投资者进入 REITs 市场，对于投资者人数可穿透计算。第三，对海外投资者给予税收优惠，吸引海外投资者参与我国 REITs 市场。

三、丰富发行方式、鼓励主动管理，控制杠杆率水平

基于境外发展经验和我国发展实践，未来我国 REITs 市场将会形成私募 REITs 与公募 REITs 并存的格局，并且中短期内私募 REITs 仍将在 REITs 市场中占据相当规模。目前我国私募 REITs 以资产专项计划为载体，采用私募方式发行，债性较强、流动性不足以及主动管理能力较低，实质为私募 REITs。为解决私募 REITs 困境，市场机构与监管层均希望推出公募产品。从发展的角度看，试点与制度建设先行，积累经验的同时不断完善制度，有利于市场循序渐进发展。但也需意识到目前市场环境还未达到适合 REITs 产品发展的理想状态，投资端的成熟程度和接纳空间较为有限，因此私募 REITs 仍有存在的必要性。

鼓励 REITs 加强资产主动管理，提高资产收益率。借鉴成熟市场经验，我国基础设施 REITs 可通过加强资产主动管理和提供相关的多元化服务提高底层资产的租金回报率。提升主动管理能力要求 REITs 的资产管理公司具有较强的专业能力。一方面，我国可参照美国和日本经验，引导具

有丰富市场经验的原始权益人担任 REITs 资产管理公司的管理人；另一方面，也可借鉴香港领展 REITs 经验，在 REITs 成立初期，在组织架构引入“策略伙伴”，通过“策略伙伴”的协助，提升主动管理能力。

控制适度的杠杆率水平，支持 REITs 健康发展。目前基于我国私募 REITs 底层资产收益率相对较低的现状，本书认为：一方面应研究允许 REITs 产品保持一定杠杆率的可行性。在资产本身收益率较低时，尤其需要利用外部资金获取快速发展。另一方面可借鉴中国香港、新加坡市场的经验，设定合理的杠杆率限制，防止杠杆率过高引致的风险。管理人应严格控制 REITs 的资产负债率，防止过度扩张，尤其应关注 REITs 债务的久期，同时关注 REITs 的再融资环境，避免 REITs 因房地产价格和利率波动导致资金链断裂。

我国公募 REITs 在基础设施领域已启动试点，具备形成万亿级市场规模的潜力，该产品的发展能有效盘活存量资产，填补我国金融产品空白，拓宽社会资本投资渠道、提升直接融资比重，对资本市场的发展具有重要意义。本书总结境外公募 REITs 和国内私募 REITs 市场发展经验，以期为我国未来公募 REITs 市场发展提供借鉴。

第二章

REITs 市场发展概况及实践

第一节　我国私募 REITs 市场发展概况

一、规模与类型

（一）市场规模增长较快

截至 2020 年 6 月，我国私募 REITs 产品累计发行 77 单，发行规模达 1536.17 亿元，其中，2019 年发行规模最大，达到 512.38 亿元。从单只发行规模来看，平均每单规模约为 19.95 亿元，发行规模最大的产品为上海广朔实业有限公司 2019 年第一期光证资产支持票据，发行量为 70 亿元，规模最小的为高和晨曦 - 中信证券 - 领昱 1 号资产支持专项计划，发行量仅为 2.5 亿元。所有私募 REITs 产品中，深圳证券交易所（以下简称“深交所”）41 单，产品规模为 849.42 亿元，占比为 55.3%；上海证券交易所（以下简称“上交所”）32 单，产品规模为 568.75 亿元，占比为 37.02%；机构间报价系统和银行间债券市场共发行 4 单，产品规模为 118 亿元，占比为 7.68%。

从每年发行规模的变化来看，除 2018 年略有降低外，我国私募 REITs 产品的发行量基本保持稳定增长，平均年增速为 47.68%。2017 年增长最为迅速，发行规模为 291.38 亿元，较 2016 年增长 122%，共有 16 单产品发行。2020 年上半年受新冠肺炎疫情影响，发行量略有收缩（见图 2－1）。

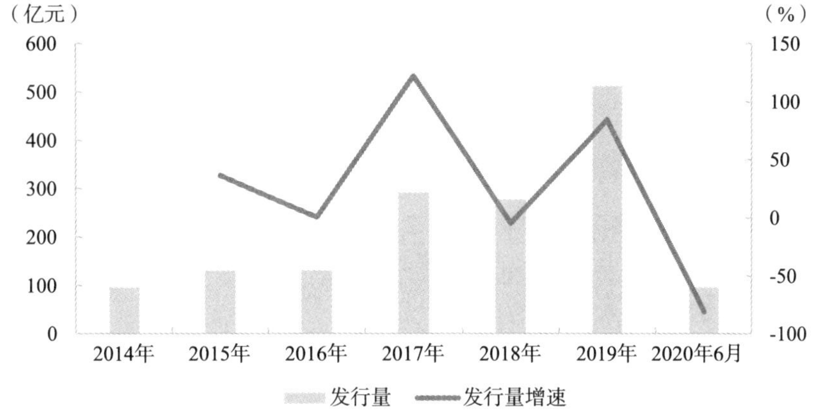

图 2－1　我国私募 REITs 产品的发行量及增速

数据来源：资产证券化分析网（CNABS）。

（二）基础资产类型丰富

截至 2020 年 6 月，我国私募 REITs 底层资产类型已覆盖零售物业、公寓、办公物业、混合、物流仓储、基础设施、酒店等 7 种类别，对于尚处于发展初期的我国市场而言，已较为丰富。从产品数量来看，零售物业类产品数量较多，有 48 个，其次是公寓和办公物业类，分别有 16 个和 12 个；酒店和基础设施类的产品数量最少，分别有 3 个和 4 个。从发行规模来看，零售物业类发行规模最大，发行量为 542.67 亿元，其次是办公物业类和混合类，发行量分别为 245.62 亿元和 209.09 亿元；酒店类发行规模最小，仅有 97.1 亿元（见图 2－2）。

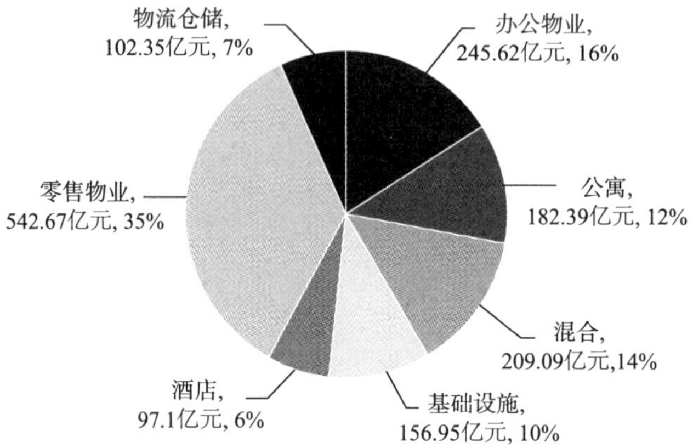

图 2-2 我国私募 REITs 产品的基础资产类型及占比

数据来源：资产证券化分析网（CNABS）。

二、原始权益人特征

私募 REITs 市场有力支持了民营企业融资，充分发挥了资本市场服务实体经济的功能。原始权益人企业性质方面，民企数量最多，发行产品个数达到 38 个，占比为 49.35%；其次是地方国有企业和中央国有企业，分别有 23 个和 8 个（如图 2-3 所示）。从累计发行规模上来看，民企发行

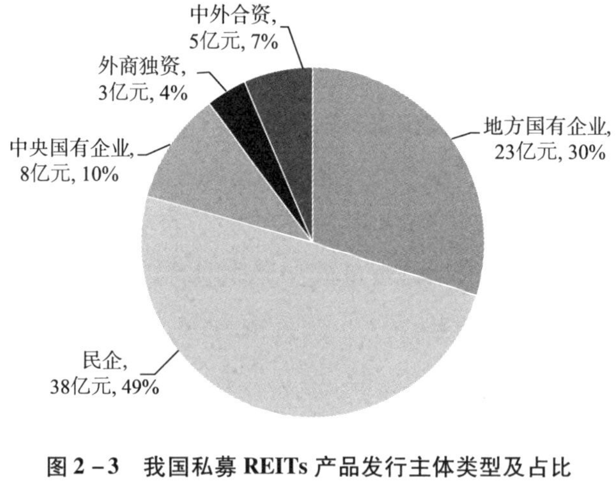

图 2-3 我国私募 REITs 产品发行主体类型及占比

数据来源：资产证券化分析网（CNABS）。

量为 846.37 亿元，规模占比为 55.1%；中央国企和地方国企的发行量为 503.07 亿元，规模占比为 32.75%。值得注意的是，原始权益人中共有 9 家上市公司，发行了 12 单产品，其中苏宁易购、碧桂园、珠海华发各发行 2 单产品。从原始权益人所属地区来看，广东、江苏、北京、上海等相对发达地区的原始权益人已发行的产品规模为 1119.47 亿元，占总规模的 72.87%。

三、发行利率

截至 2020 年 6 月，77 单产品的优先级利率平均为 5.25%。分底层资产类型来看，基础设施私募 REITs 发行利率较高，优先级利率平均值为 6.20%；酒店私募 REITs 发行利率较低，优先级利率平均值为 4.36%（如表 2－1 所示）。从发行利率变化趋势来看，2014—2020 年，私募 REITs 产品的发行利率呈下降趋势，优先级利率平均值由 2014 年的 6.59% 下降至 2020 年 6 月的 4.20%。同时，与同期的十年期国债招投标利率的利差，由 2014 年的 215 个基点下降至 2020 年 6 月的 134 个基点（如图 2－4 所示）。

表 2－1　　我国私募 REITs 细分产品的平均发行利率

产品分类	优先级利率（%）	非次级利率（%）
基础设施	6.20	6.32
物流仓储	5.60	6.23
混合	5.46	5.68
公寓	5.41	5.64
办公物业	5.11	5.22
零售物业	5.00	5.14
酒店	4.36	4.42
平均值	5.25	5.45

数据来源：资产证券化分析网（CNABS）。

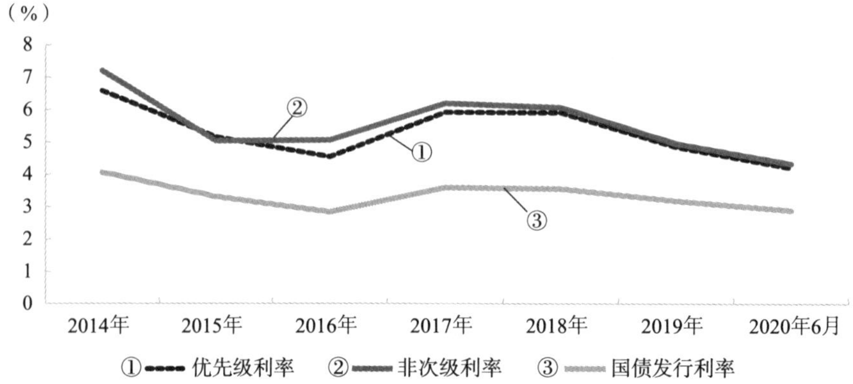

图 2-4 我国私募 REITs 产品的发行利率及同期国债发行利率

数据来源：资产证券化分析网（CNABS）。

第二节 深圳证券交易所私募 REITs 市场特色

公募 REITs 的推出，需要结合各国法律体系和实际情况，探索适合自己的路径。十几年来，国内在不断尝试和实践 REITs 产品的基础上，持续研究和探讨推出公募 REITs。以深交所为例，自 2003 年即着手研究 REITs，2006 年以来与相关市场主体共同合作设计产品、储备项目，并积极参与中国证监会有关 REITs 产品的制度设计与项目论证工作，为 REITs 产品推出做出充分准备。自 2014 年开始，深交所相继推出国内首单依托资产证券化业务的私募 REITs“中信启航”、首单以公募基金为载体的 REITs“鹏华前海万科”、首单物流仓储私募 REITs“中信华夏苏宁云享”等创新项目。截至 2020 年 6 月，深交所累计完成发行私募 REITs 产品 41 单、发行规模 849.42 亿元。经过多年的探索，深交所在私募 REITs 领域积累了丰富的产品创新、评审和持续监管经验，已形成境内规模最大、不动产类型覆盖全、市场引领效应强和多元化投资者聚集的 REITs 市场。总体上看，深交所从以下四个方面支持我国 REITs 市场的发展。

一是发行载体探索实践。2014 年，“中信启航”私募 REITs 率先采用资产支持证券为载体、私募方式发行，拉开境内交易所场内 REITs 的序幕。截至 2020 年 6 月，交易所场内私募 REITs 发行规模突破千亿元，成为境内 REITs 的重要实践平台。2015 年推出的“鹏华前海万科 REITs”率先采用封闭式基金为载体、公募发行，实现了公开发行的突破，为公募 REITs 试点积累了有益经验。

二是不动产类型不断丰富。目前，私募 REITs 市场已发行产品中，基础资产类型涵盖写字楼、购物中心、零售门店、酒店、物流仓储、租赁住房、工业厂房、高速公路等多种类型。其中，2016 年推出的“中信华夏苏宁云享”私募 REITs 是国内物流仓储基础设施 REITs 的首单尝试，标志着基础设施私募 REITs 正式启动，随后，“东久智能制造产业园”工业地产私募 REITs、“四川高速隆纳高速”基础设施私募 REITs 等多类基础设施 REITs 不断出现。

三是产品交易结构持续创新。私募 REITs 和公募 REITs 在股债属性、期限设计、增信机制等方面存在差异，交易所私募 REITs 不断通过交易结构创新来逐步适应公募 REITs 的权益属性。比如，市场推出的“不依赖主体信用”私募 REITs、储架发行机制、可扩募产品等，均为公募 REITs 试点积累了丰富的经验。

四是专业参与主体逐步培育。私募 REITs 实践中，已出现第三方专业机构，在 REITs 产品中担任特殊资产服务商、专业夹层投资人等角色，在商业物业、物流仓储等 REITs 产品中负责专业运营、资产收购或处置等工作，从而提升 REITs 资产的运营管理水平，完善投资者保护机制，培育不动产交易市场。

第三节　深圳证券交易所积极建设公募 REITs 市场的工作进展

一、制定完善公募 REITs 配套规则体系

深交所配套规则“1 个办法 +2 个指引”于 2020 年 9 月 4 日至 15 日完

成公开征求意见，2021 年 1 月 29 日正式发布。其中，《基础设施基金业务办法》作为交易所基础设施公募 REITs 业务的基本规则，明确业务全流程的重要节点和关键环节的规范性要求，围绕“公募基金 + 资产支持证券”产品架构下参与方权责划分与运作协同做出相应规定与引导。《基础设施基金审核指引》对业务参与机构、基础设施项目、评估与现金流、交易结构和运作管理安排等重点内容进行细化规范，聚焦优质资产和优质主体，旨在准入环节把控项目质量。《基础设施基金发售指引》聚焦于基础设施基金发售操作与执行，参照深交所股票询价发行相关程序，主要对基础设施基金的询价与定价、战略配售、网下和公众投资者认购、扩募、监督管理等进行规范，旨在匹配基础设施基金特有属性的基础上，提升发行效率，提高市场流动性。

二、完成基础设施公募 REITs 相关技术系统开发

截至 2021 年 5 月，深交所基础设施公募 REITs 试点在技术层面的准备工作已顺利完成。深交所与 REITs 审核、发行、上市、信息披露、收购和投资者适当性管理等相关的全流程的业务技术系统的开发已完成，并开展多轮系统测试。一是搭建审核系统，实现全流程透明化。上线公募 REITs 审核业务专区，同步启用公募 REITs 信息平台，依托技术优势实现审核流程化、电子化，确保审核工作严格规范、业务信息公开透明。二是搭建网下发售系统，实现高效发行。借鉴创业板注册制改革的股票发行承销业务经验，根据基础设施公募 REITs 网下询价及发售特点，建立 REITs 专属网下发行电子平台，为网下询价与定价、投资者认购等业务的高效开展保驾护航。三是搭建配套功能模块，实现全生命周期管理。在业务专区配套基础设施公募 REITs 代码申请、发行、上市、存续期信息披露等模块，为基础设施公募 REITs 存续期平稳运行提供可靠技术保障。

三、加强市场培育和投资者教育

在市场培育方面，深交所通过走访对接、座谈研讨、宣传培训等多种方式，与各级各地主管部门、市场买方卖方和中介服务机构加强对接，在物流仓储、交通、产业园区、污水垃圾处理、数据中心、能源发电等领域储备了一批项目。

在投资者教育方面，深交所将加大对金融机构、合格境外投资者、社保基金、基础设施投资机构、产业投资基金、政府专项基金等专业机构投资者的引导力度，培育公募 REITs 权益型投资人群体，完善一级市场定价机制，提升二级市场流动性，保障公募 REITs 试点工作有序推进。

四、完善审核质量控制机制，提升项目审核质效

审核阶段，深交所坚持“开明、透明、廉明、严明”的工作理念，坚持以信息披露为核心，完善审核质量控制机制，提升项目审核质效，重点关注参与机构、项目质量和交易结构合规性，资产评估、现金流预测和基金运作管理安排合理性，以及信息披露和风险揭示全面性等。

2021 年 5 月 14 日，深交所审核通过首批 4 单基础设施公募 REITs 项目，分别为中航首钢生物质封闭式基础设施证券投资基金（以下简称“首钢绿能 REITs”）、博时招商蛇口产业园封闭式基础设施证券投资基金（以下简称“博时招蛇 REITs”）、平安广州交投广河高速公路封闭式基础设施证券投资基金（以下简称“平安广州交投公募 REITs”）和红土创新盐田港仓储物流封闭式基础设施证券投资基金（以下简称“盐港 REITs”），预计募集规模合计近 140 亿元，项目类型覆盖垃圾处理及生物质发电、产业园区、收费公路和仓储物流等主流基础设施领域，且首批基础设施项目均位于京津冀和粤港澳两大一体化发展重点区域。

五、确保发售环节平稳有序

发售环节，深交所根据相关流程要求，匹配基础设施公募 REITs 产品特征，细化询价发行程序，基金管理人通过 REITs 专属网下发行电子平台向网下投资者询价，确定基础设施基金份额的认购价格，战略投资者、网下投资者和公众投资者以询价确定的价格参与认购，确保基金发售环节平稳有序。

截至 2021 年 5 月 28 日，深交所首批公募 REITs 陆续公布最终发行价格。首钢绿能 REITs、盐港 REITs、博时招蛇 REITs、平安广州交投公募 REITs 已陆续发布《基金份额发售公告》。其中，首钢绿能 REITs 的网下有效报价认购倍数为 11.13 倍，最终发行价格确定为 13.38 元；盐港 REITs 的网下有效报价认购倍数为 9.58 倍，最终发行价格确定为 2.30 元；博时招蛇 REITs 的网下认购倍数为 15.31 倍，最终发行价格确定为 2.31 元；平安广州交投公募 REITs 的网下有效报价认购倍数为 4.56 倍，最终发行价格确定为 13.02 元。

从询价情况来看，机构投资者参与公募 REITs 的积极性颇高，券商自营、公募基金、私募基金、银行理财子公司、保险机构等主流机构投资者均有参与。其中，中信证券、国泰基金等机构旗下多个账户参与了首钢绿能项目的报价，最终 42 个账户报价有效；中信证券、招商财富等机构旗下多个账户参与了盐港 REIT 的报价，最终 47 个账户报价有效。

同时，原始权益人与机构投资者参与 REITs 战略配售的热情较高。其中，首钢环境、银河证券等 10 家机构承诺认购首钢绿能 REITs，合计占比为基金份额发售总量的 60%；盐田港资本、深国际、泰康人寿等 10 家机构承诺认购盐港 REIT，合计占比为基金份额发售总量的 60%。

第三章

基础设施 REITs 市场发展研究

第一节　境外主要市场发展背景

一、美国基础设施 REITs 推出的背景

美国计划通过加大基础设施投资刺激经济增长，支持基础设施 REITs 发展以拓宽融资渠道。2008 年金融危机之后，奥巴马政府的《美国复苏与再投资法案》和特朗普政府的“长期基建投资计划”，均旨在通过投资基础设施刺激经济增长。但仅靠政府财力已无法推动基础设施建设的高速增长。2016 年美国土木工程师学会估计，未来 5 年美国仅地面交通系统的年平均投资资金缺口就达 1100 亿美元。为拓宽基础设施融资渠道，支持基础设施 REITs 发展，2016 年美国修改法案，将基础设施纳入“合格 REITs 资产”范围。

二、日本基础设施 REITs 推出的背景

（一）财政资金难以满足基础设施建设需求

长期以来，日本的基础设施投资由政府及与政府相关的基础设施公司

主导，但财政资金逐渐难以支撑基础设施建设。20 世纪末期，在经济停滞、政府债务负担不断加重的背景下，日本财政赤字严重，需要削减基础设施投资的财政预算，且政府经营基础设施的服务质量难以满足民众的需求。2011 年，财政赤字进一步恶化，日本政府债务占 GDP 的比重增长至 231.6%，较 1999 年上涨了一倍多。与此同时，日本基础设施建设需求却在持续增加。一方面，日本已建成的基础设施日渐老旧，需要大量资金保养维护。另一方面，2011 年 3 月日本发生强烈地震，日本东北地区破坏严重，灾后重建的基础设施需求巨大。财政形势严峻和基建需求陡增的矛盾难以化解。

（二）政府积极引入社会资本投资基础设施领域

1999 年日本颁布《促进私人融资倡议法案（Act on Promotion of Private Finance Initiative）》，引入私人融资计划[①]（PFI）促进私人资本投资基础设施领域，目的在于借助私人部门削减财政赤字和提高基础设施服务管理水平。PFI 法案生效后，截至目前已经完成了 400 多项 PFI 项目。其中，大多数项目是采用 BTO 模式[②]的基础设施新建项目。

为应对灾后重建，2011 年日本修改 PFI 法案，允许私人部门通过获得特许经营权的方式运营已建成的基础设施，以此为老旧基础设施的维护保养和地震灾后重建筹措资金。而这种特许经营权，在会计上被处理为资产，可作为基础设施基金的底层资产，为此后基础设施基金的推出创造条件。

（三）能源结构调整使基础设施 REITs 在可再生能源领域落地

2011 年，日本地震引发福岛核电站核泄漏事故，使日本政府有意改变

---

① PFI 是一种公私合作（PPP）的方式。

② BTO（Build - Transfer - Operate，建设—移交—运营）是指民营机构为基础设施融资并负责其建设，完工后即将设施所有权移交给政府方；随后政府方再授予该民营机构经营该设施的长期合同，使其通过向用户收费，收回投资并获得合理回报。

日本能源结构。2015 年，日本经济产业省发布能源计划，称 2030 年日本可再生能源占比将达 22%～24%。这意味着，与 2013 年相比，2030 年地热发电量、生物能发电量、水力发电量、风能发电量和太阳能发电量分别增加 4 倍、3 倍、1.1 倍、4 倍和 7 倍，日本可再生能源发电设施的投资需求巨大。为推动资本市场支持可再生能源发电设施建设，2015 年 4 月东京证券交易所建立基础设施基金市场。

三、印度基础设施 REITs 推出的背景

（一）印度基础设施建设落后，有较强的基础设施建设需求

与经济发展的需要相比，印度的基础设施投资和建设明显落后，已成为印度当前经济发展过程中面临的一个重大挑战。例如，在能源领域，国家输电网络建设资金短缺严重，大型国有配电公司濒临破产。电力盗窃已是常态，还有近三分之一地区无法获得电力供应。在交通运输领域，目前一半国土没有公路，质量达标的高速公路不足四分之一。世界经济论坛《国际竞争力报告：2017—2018 年》显示，印度基础设施建设水平在 148 个国家中排名第 66 位，两个最大的城市新德里和孟买排名明显落后于北京和曼谷。

（二）印度财政资金紧张，希望引入私人部门资金和外资

为适应日益激烈的国际竞争和满足国内经济发展的需求，印度政府已意识到基础设施建设问题的严重性。印度财政部数据显示，2018—2040 年，印度需要在基础设施部门投资 4.5 万亿美元才能满足经济增长和社会福利增进的需求。但印度长期存在财政困难，财政赤字不断扩大，政府难以为基础设施建设配置足够的预算资金。因此，推动私营部门参与印度的基础设施发展是一种势在必行的战略措施，印度基于此推出了一系列鼓励政策。例如，为鼓励私人投资者的进入，2005 年印度政府通过法律，允许在基础设施建设中推进公共私人合作计划。开发商提供大部分基础设施建设资金，并

由开发商收取设施使用费，最后由政府接管。为方便基础设施融资，印度政府允许外商直接投资（FDI）在自动路线（the Automatic Route）监管下持有诸如采矿、能源、工业园区、通信、铁路等基础设施资产的 100% 的股权。

（三）公私合作已有一定的经验，但整体推行并不顺利

在印度，政府与私营企业的合作取得了一定成绩，但总体看仍是喜忧参半。2007—2012 年第 11 个“五年计划”期间，印度的基础设施领域投资总计约为 4500 亿美元，约 37% 来自私人部门，其中大部分以公私合作方式（PPP）进行。但管理不善、监管不确定性、官僚式的拖延以及腐败问题导致这些项目大都进展不佳，项目延误使开发商和融资方都蒙受损失。2013 年，拥有世界最大印度基建投资基金的英国 3i 集团（欧洲最大的风险投资基金），由于未能满足投资者预期，撤回了所有在印度的分支公司。根据世界银行 2008—2013 年的数据，印度的 PPP 项目合计投入最高。但 2013 年以后，印度基础设施部门的 PPP 项目发展已呈现下降趋势。

在此背景下，印度推出了 InvITs，希望由此达到将私人部门资金引入基础设施运营环节，实现建设期资金回收的目的。首先由公共部门基础设施专业机构建设电厂和高速公路等基础设施，然后通过 InvITs 产品将基础设施出售给私人部门资金和外资。如果不需要承担项目建设风险，私人部门资金和外国投资者进入印度市场的意愿将会提升。当经营性资产转移给投资者后，政府用于建设的最初投资将得以收回。这样的循环机制可以代替更具挑战性的公私合作模式，积极吸引私人部门参与印度的基础设施建设。

第二节　境外主要市场发展概况

一、境外基础设施 REITs 的市场规模

REITs 最早集中在商业物业和住房租赁领域，现已广泛应用于高速公

路、物流、能源等基础设施领域。REITs 起源于 20 世纪 60 年代的美国，发展初期主要集中于购物中心、酒店、租赁住房以及写字楼等传统领域。随着 REITs 实践的不断探索，REITs 市场的广度与深度均在不断加强。截至 2020 年 6 月，已有超过 40 个国家或地区制定 REITs 相关法规，全球 REITs 总市值已超过 1.75 万亿美元，其中不仅有美国和日本等成熟市场，更有印度等新兴市场的身影。底层资产覆盖领域明显扩大，高速公路、物流、能源等基础设施占据了相当的市场份额。

经过多年发展，在基础设施 REITs 领域，美、日等成熟市场已有丰富实践，印度等新兴市场亦在不断积累。美国基础设施 REITs 市场资产类型丰富、规模较大，截至 2020 年 6 月，美国共有 39 只、5291 亿美元的基础设施 REITs 产品，在全市场规模占比达 42%，已涵盖仓储物流（1971 年）、健康医疗中心（1985 年）、监狱（1998 年）、数据中心（2004 年）和通信塔（2012 年）等不同类型资产。日本 REITs 市场于 2005 年和 2014 年分别推出物流仓储 REITs 和健康医疗 REITs，截至 2020 年 6 月，共有 9 只、196 亿美元基础设施 REITs 产品，在全市场规模占比为 15%。同时，日本于 2016 年推出了与 REITs 具有相同特征的基础设施基金，2020 年 6 月已有 5 只、6 亿美元专门投资于可再生能源发电设施的基金。印度市场于 2017 年起步，基础设施 REITs 的发展先于传统商业物业 REITs，截至 2019 年 3 月底，已推出 2 只公募基础设施 REITs，主要投资于输电项目（3.3 亿美元）和高速公路（7.3 亿美元）；2 只私募基础设施 REITs，主要投资于高速公路（5.5 亿美元）和天然气运输管道（20 亿美元）。

二、境外基础设施 REITs 的收益率

美、日等成熟市场基础设施 REITs 分红收益率远高于 10 年期国债。以日本为例，2014—2019 年，日本基础设施 REITs 比日本 10 年期国债高 500 基点左右。作为新兴市场国家，印度 IndiGrid 和 IRB InvITs 收益率高达 12%，对外资、个人和保险等资金具有较强的吸引力。以 IndiGrid InvITs

为例，截至 2020 年 9 月，外资、个人和保险持有份额合计占比为 58%。REITs 资金动员能力较强，还体现在基础设施 REITs 资产规模的扩张速度上。以美国铁塔（AMT）公司为例，2012 年转变为 REITs 以来，资产规模增长速度明显加快，通信塔数量由 2011 年 5 万座增长至 2019 年 17.9 万座，较 2012 年之前增速明显加快。

三、境外基础设施 REITs 的投资者结构

美国基础设施 REITs 投资者结构多元。一方面，基础设施 REITs 有投资顾问、对冲基金、银行、养老金、保险公司、政府、主权财富基金等机构投资者和个人投资者。投资顾问投资额最大，金额为 1057 亿美元，占比为 83%，对冲基金、银行和养老金和保险公司投资额分别为 73 亿美元、38 亿美元、33 亿美元和 20 亿美元，占比分别为 6%、3%、2% 和 2%。而个人投资者投资额较小，仅为 2 亿美元，占比为 0.17%。另一方面，投资者分布于美国本土和英国等 15 个国家。其中，美国和英国投资额较多，占比分别为 87% 和 4%。而加拿大、日本、澳大利亚、瑞士、挪威、德国等国家的投资额较少，占比均小于 3%（如图 3－1 所示）。

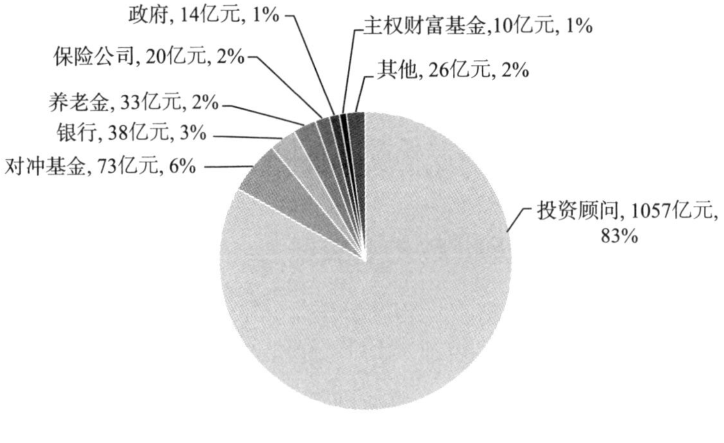

图 3－1　2018 年 6 月 24 日投资者结构持股比例

数据来源：彭博（Bloomberg）。

印度 InvITs 外资、个人和保险参与度高，投资者结构分散。以 IndiGrid InvITs 为例，截至 2020 年 9 月，外国投资者、个人投资者、发起人、公司以及保险持有份额占比分别为 35%、18%、23%、15% 和 8%（如图 3－2 所示）。

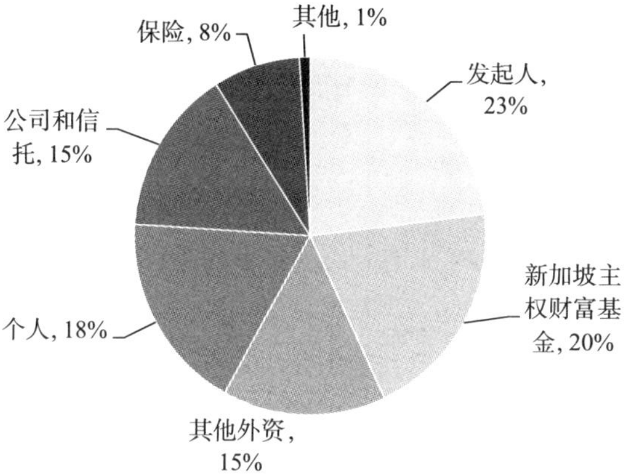

图 3－2　2020 年 9 月 IndiGrid InvITs 投资者结构

数据来源：IndiGrid InvITs 年报。

四、境外基础设施 REITs 的底层资产特征

美国基础设施 REITs 类型多元化，资产个数较多，且区域分布最分散，但租户较为集中。一是基础设施 REITs 有通信塔及站点、输电线路、输油管道以及可再生能源和广告牌等类型。其中通信基础设施、输电线路、输油管道 REITs 的市场规模分别为 1252 亿美元、12.55 亿元和 4.65 亿美元，占比分别为 98% 和 0.99% 和 0.37%。二是基础资产个数较多，但分化较为明显。通信私募 REITs 基础资产个数较多，大多在 170000 个以上；而输油管道和输电线路 REITs 的基础资产个数较少，分别为 3 个和 5 个。三是基础资产分布分散，风险的联动效应较小。AMT 资产分布在美国、印度和新加坡等 18 个国家，IMRK 基础资产分布在全美 51 个州，且单个州的通信站点个数不超过 15%；输油管道和输电线路也分布在美国 5

个和 4 个地区，地域分布较分散。四是收入来源高度集中，5 大租户占比高达 70%。以 SBAC 为例，2017 年 AT&T、T – Mobile、Sprint 和 Verizon 收入占比分别为 25%、16.5%、15.2%和 15.1%（如表 3 – 1 所示）。

表 3 – 1 美国基础设施 REITs 分散度和租户概况

基础设施 REITs	国家	具体内容	租户
AMT	美国、印度、新加坡、法国、德国、荷兰等 18 个国家	150181 个通信基础设施塔	ATT、Verizon Wireless、Sprint & T – Mobile，53%
CORR	圣路易斯、怀俄明州、密歇根、俄勒冈州等 5 个地区	3 条输油管道	Energy XXI GIGS Services；Ultra Wyoming LGS；Zenith Energy Terminals Holdings，99.7%
CCI	美国 100 个自由贸易区	40000 个塔和 26500 英里光纤	AT&T，T – Mobile，Verizon Wireless and Sprint，90%
HIFR	德克萨斯州；阿比林；布朗伍德等 4 个地区	5 条输电线路	Sharyland，100%
LMRK	全美 51 个州，单个州站点不超过 15%	蜂窝塔、屋顶无线网站、广告牌、风涡轮机和太阳能电池阵列，共 4478 个	AT&T Mobility，Sprint，T – Mobile & Verizon；American Tower，Crown Castle and SBAC，61%；90%，13 个大型租户
SBAC	美国南部和中部，加拿大	27909 塔和 9000 个实际的或潜在的网站	AT&T，T – Mobile，Sprint & Verizon Wireless，71.8%
UNIT	41 个州	17783 个通信站点	Windstream，100%

数据来源：美国基础设施 REITs 年报。

印度基础设施 REITs 底层资产个数在 2 个以上，风险分散度较高。IndiGrid InvITs 初始基础资产包括 2 个输电项目，共 8 条超高压架空输电线路，后续运营过程中负债收购了 RTCL、PKTCL 和 MTL 等 3 个输电项目的 5 条线路，整体资产负债率从 26% 上升到 49%；IRB InvITs 初始资产包括 6 个项目公司的 6 条收费公路，运营过程中负债收购了 1 个项目公司的 1 条收费公路。同时，基础资产地理分布较为分散。IndiGrid InvITs 基础资产分布在奥里萨邦等 8 个地区；IRB InvITs 基础资产分布在印度马哈拉施特拉邦等 6 个地区。

第三节 境外主要市场规则体系

2007 年，美国国税局在亨特联合服务公司的私人回复函中，将得克萨斯州的 1 处电力资产认定为符合 REITs 法规的“不动产”，开启了基础设施 REITs 的先河。其规则体系与美国 REITs 保持一致，但在“不动产”的认定上仍有所差异。印度 REITs 规则体系于 2014 年 9 月正式推出（如附录 1 所示），在 REITs 规则的基础上，印度证监会（Securities and Exchange Board of Inida，以下简称“SEBI”）制定了专门的基础设施投资信托基金法案。比较发现，两份法案主体内容大体一致，但基于基础设施资产的特殊性，二者在发起人资格、利润分配频率等方面仍存有差异。

一、美国基础设施 REITs 的规则体系

（一）美国基础设施 REITs 的一般规则

REITs 的组织结构比较灵活，对杠杆率并无强制性规定。除银行、保险等金融机构外，公司、合伙企业、商业信托、有限责任公司等合法应税实体在通过国税局审批后，都能申请成为 REITs。值得注意的是，这些实体每年必须填写特殊的纳税申报表 Form 1120 - REIT，并提交给国税局以申请获取 REITs 地位。同时，REITs 至少由一位托管人（或董事）管理，没有最低资本要求。此外，美国没有限制 REITs 的杠杆率，但大多不超过 50%。

REITs 对资产结构、收入结构和收益分配有强制性规定。首先，REITs 要求 75% 以上的资产必须是不动产、不动产抵押贷款、政府发行的有价证券、现金等价物和货币市场基金。其次，75% 以上的收入来源于房地产租

赁租金、房地产抵押贷款利息，且 95% 以上的收入来源于房地产相关的租金收入以及分红等被动收益。最后，REITs 每年需要将 90% 的普通应税收入用以分红，如果年内分红比例少于 85%，将被征收 4% 的消费税，且 4 年内不得再重新申请为 REITs。REITs 不强制分配资本利得，未分配的资本利得将被征收公司所得税。

REITs 对持股人数量、份额有特殊规定，但对上市与否没有规定。首先，REITs 的股份必须是可转让的，从第 2 个纳税年度开始，持股人必须达到 100 人以上。其次，在纳税年度的后半期，超过 50% 的 REITs 股份不能集中在少于 5 个人或私人基金会的手中。最后，REITs 可发行普通股和优先股，同一类型的股东必须得到公平对待，否则该类股份的分红将不享受税收减免。

（二）美国基础设施 REITs 的特殊规则

法规如何界定不动产，是合法应税实体能否获得 REITs 资格的关键因素。在美国市场，某项资产是否可作为 REITs 的基础资产（即被认定为不动产），需要美国国税局按照一事一议的原则予以认定。公寓、零售和医院等基础资产按照市场惯例相对容易认定，而基础设施则较难认定，因而一事一议原则对基础设施 REITs 市场的发展限制更大。如，2007 年、2011 年和 2012 年，美国国税局分别将电力传输资产、户外广告标志、数据中心和码头上的船用固定装置认定为不动产，此后此类基础设施 REITs 市场才逐步发展起来。

为了适应市场需求，进一步推动基础设施 REITs 发展，2016 年美国国税局发布 REITs 相关的最新法案（T. D. 9784）。该法案规定 REITs 不动产只能服务于被动功能，而不能服务于主动功能。主动功能与被动功能难以区分，新法案列举了部分例子用以辨别，例如运输既可以描述液体在管道中移动，则管道的运输功能就是被动功能；也可以描述机器沿着管道推动或拉动液体流动，此处运输功能就是主动功能。

新法案重新定义了不动产，扩大了其范围，对非传统类型资产的基础设施 REITs 更有利。法案对不动产定义中土地的改良做了十分详尽、繁杂的陈述，并通过举例的方式加以解释。不动产的重新定义，对写字楼、公寓和酒店等传统类型的 REITs 影响不大，但对基础设施等非传统类型的 REITs 更有利。法案通过列举的方式将多种类型的基础设施资产直接认定为符合 REITs 规定的不动产。具体包括：微波传输设施；手机、广播和电力传输塔；电线杆；停车设施；桥梁；隧道；路基；铁轨；输电线路；石油天然气管道；围栏；地下游泳池；海上钻井平台；存储设备（如粮仓和油气储罐）；码头；户外广告显示屏幕。

二、印度基础设施 REITs 的规则体系

（一）基础资产因专业化运营对参与主体资格和义务要求更高

基础资产的运营有别于传统 REITs 底层资产，其专业化程度要求更高，因此对发起人和资产管理公司主体资格要求更严格，特定情形下发起人持有份额比例稍低。其一，InvITs 的发起人不得为个人，而且 InvITs 的资产管理公司在印度需有办事处，而 REITs 则无此类要求。其二，鼓励发起人继续运营基础资产，InvITs 发起人持有份额的要求比 REITs 更低。若发起人实质上对基础设施运营负责任，则上市后必须持有 InvITs 的最低份额可由 25% 降为 15%；若不负有运营责任，则仍未 25%。同时，InvITs 对发起人持有流通份额的比例也并无要求。

资产管理公司和托管人的义务更多。资产管理公司在承担一般义务的同时，还需要监督项目经理人的活动；托管人需要任命和监督项目经理人按照协议履行职责。此外，托管人还需保证资产管理公司每年至少召集一次 InvITs 份额持有人会议，且 2 次会议间隔不得超过 15 个月。

（二）支持不同阶段基础设施进入 InvITs 市场，私募方式发行可覆盖更多在建项目

InvITs 可以采用私募方式，这是其与 REITs 的一个重要区别。私募 InvITs 产品设计的初衷是为建设中基础设施项目更好地融资，与公募 InvITs 在底层资产成熟度、投资者群体和数量、最低投资额和最低交易单元上均存在差异，不过二者均要求在证券交易所上市。其一，私募 InvITs 允许建设中基础设施项目的价值占总资产价值的比重超过 10%，公募 InvITs 要求已建成的能够产生稳定现金流的基础设施项目价值占比至少为 80%，且建设中基础设施项目价值占比应少于 10%。其二，私募 InvITs 通过私募备忘录融资，投资者群体为合格的机构投资者和法人团体，投资者个数介于 5～1000 个，最低投资额为 1000 万卢比，最低交易单元为 1000 万卢比；而公募 InvITs 通过 IPO 融资，投资者群体还包括个人，投资者人数超过 20 个，最低投资额为 10 万卢比，最低交易单元为 50 万卢比。

（三）利润分配和关联方交易要求存在差异

私募 InvITs 利润分配频率更低，且 InvITs 对关联方交易的限制比 REITs 更严格。一是私募 InvITs 因募资灵活、投资者风险识别和承受能力高、在建项目多，其利润分配更灵活，法规要求每年至少分配一次，低于公募 InvITs 和 REITs 每半年一次的分配频率。二是 InvITs 的基础设施资产非标准化程度更高、市场交易较稀缺，难以合理确定其估值水平，因而对关联方交易量或借款的比例限制在 InvITs 总值或净借款的 5%，比 REITs（10%）更严格。

第四节　基础设施 REITs 的积极作用

一、能显著降低发行人融资成本和负债率

目前印度已有两个上市基础设施 REITs，分别为 IRB 和 IndiGrid InvITs，两者项目公司融资成本高企，分别为 10.5% 和 7.9%（如表 3－2 所

示)，发起人设立 InvITs 的主要目的在于偿还债务，降低公司的融资成本和负债率。实践中，IRB 和 IndiGrid InvITs 募集资金用于偿还项目公司短期和长期债务的金额分别达到 420 亿卢比和 258 亿卢比，占比分别为 92% 和 97% 。余下资金通常用于一般性支出，如发行费和会议费等，占比较小，均不到 10% 。同时，项目公司的资产负债率也大幅下降，如 IndiGrid 的负债率从设立之前的 75% 下降至 18. 29% 。

表 3 - 2　　IRB 和 IndiGrid InvITs 设立时融资成本和负债率

InvITs	项目公司	融资成本（%）	资产负债率（%）
IRB	Surat Dahisar Tollway Private Limited	10. 34	13. 9
	IDAA Infrastructure Private Limited	10. 37	13. 2
	Jaipur Deoli Tollway Private Limited	10. 5	23. 9
	Tumkur Chitradurga Tollway Private Limited	10. 9	59. 7
	Talegaon Amravati Tollway Private Limited	10. 6	37. 2
	MVR Infrastructure and Tollway Private Limited	10. 6	54. 8
IndiGrid	BDTCL	7. 95	75
	JTCL	7. 91	75

数据来源：印度 InvITs 年报。

二、能有效降低运营主体的税收负担

美国基础设施 REITs 转型的主要动因是所得税减免。美国应税实体是否转型为 REITs 取决于商业运营目的，一般在公司从高速增长阶段转向高分红阶段比较常见。所有应税实体成为 REITs 最重要的动因是避免公司和股东层面的双重征税难题。以 AMT 为例，AMT 转型为 REITs 以后，有效税率从 2011 年的 25% 下降为 2017 年的 2. 4% ，大部分年份在 15% 左右。此外，普通股每股分红金额日益增加，从 2011 年的 0. 35 美元上升到 2017 年的 2. 62 美元。值得注意的是，与印度、新加坡不一样，美国基础设施 REITs 的主要动机并不在于取得融资（如表 3 - 3 所示）。

表 3－3 AMT 的利润、税率和股息概况

年份	经调整的 EBITDA（亿美元）	通信基站（个）	有效税率（%）	普通股股息（美元）
2017	40.89	150181	2.4	2.62
2016	35.53	144884	14	2.17
2015	30.66	100615	19	1.81
2014	26.50	75594	7	1.4
2013	21.76	67418	11	1.1
2012	18.92	54604	15	0.9
2011	15.95	45480	25	0.35

数据来源：AMT 年报。

三、能有效保障基础设施运营效率

（一）美国基础设施 REITs 由应税实体直接转换而来，其营运质量有保障

美国基础设施 REITs 大多通过分拆重组和转换成立，其中转换是最重要的方式。UNIT 和 HIFR 分别将通信基础设施和输配电线路资产从控股母公司 Windstream Holdings 和 Sharyland 分拆重组形成，其规模仅为 52.35 亿美元，占比仅为 4%。余下基础设施 REITs 均由原公司向国税局申请资格，直接转换形成，其运营主体和体系并未发生变化，对营运质量并未有实质性影响（如表 3－4 所示）。此外，应税实体在分拆重组过程中相应的人、财和物都发生了转移，其控股股东股权的变化对其影响不大。以 UNIT 为例，2016 年 6 月，其控股股东 Windstream 处置了所持有的 19.9% 的股份以偿还 6.72 亿美元的贷款。但基础设施的营运状况并未发生恶化，如营业总收入不断上升，从 2016 年 6 月底的 18.86 亿美元上涨到 2018 年 3 月底的 24.69 亿美元。

表 3-4　美国基础设施 REITs 概况

公司	规模（亿美元）	成立 REIT 时间（年）	资产类型	成立方式
UNIT	39.8	2015	通信基础设施	分拆重组
CORR	4.65	2013	石油、天然气管道、储油设备	转换
CCI	424.9	2014	通信基础设施	转换
HIFR	12.55	2015	输电线路	分拆重组
LMRK	2.66	2017	通信基础设施、可再生能源基础设施、广告牌	转换
AMT	607.5	2012	通信基础设施	转换
SBAC	179.9	2017	通信基础设施	转换

数据来源：美国基础设施 REITs 年报。

（二）印度发起人仍承担最终营运责任，保障基础设施运营

IndiGrid 和 IRB InvITs 的基础资产在收购前完全由发起人及子公司持有，收购后发起人持有 InvITs 的份额分别为 15% 和 17%。该份额稍高于 SEBI15% 的最低要求，法规强制规定发起人需要承担基础设施运营的最终责任。实践上看，IndiGrid 和 IRB InvITs 的资产管理公司分别为发起人的全资子公司或发起人集团企业的全资子公司，基础设施的运营主体并未发生实质性的变化。同时 InvITs 未来仍有优先收购发起人基础资产的权利，可以预期基础设施的运营有足够的保障。

第五节　我国基础设施 REITs 发展的背景与意义

一、发展的背景

（一）我国基础设施存量规模大，同时投资压力也大

1990 年，我国基础设施存量排在全世界第 15 位，2000 年上升到第 7

位，2010 年跃升为第 3 位，仅次于美国和日本，截至 2017 年末，中国城镇基础设施累计投资额达到 113.68 万亿元。延续金戈（2016）和胡李鹏等（2016）的测算，2017 年底我国基础设施存量约为 80 万亿元，中国传统基础设施存量实际上已经世界排名第一位。

在地方政府融资驱动收缩背景下，2018 年基础设施投资增速回落较大，基础设施投资增长面临较大压力。2017 年，我国用于包括交通运输、电信、互联网、水利、环境和公共设施的基础设施投资达 14 万亿元，比 2016 年增长 19%，占全社会固定资产投资的比重达 22.2%，居世界各国之首。2018 年，我国固定资产投资 63.6 万亿元，比 2017 年增长 5.9%，但基础设施投资增速呈现明显下滑趋势，不含电力、热力、燃气及水生产和供应业的基础设施投资同比增长 3.8%，增速比 2017 年同期下降 15.2%。

（二）投融资机制不断改革，但仍与基础设施自身转型升级之间脱节

由于传统基础设施的社会公益性和对经济增长的显著促进作用，使我国基础设施主要是以政府为主体的建设运营模式。这种模式虽然带来了基础设施的全面快速发展，但也积聚了大量地方政府债务风险。2014 年，在供给侧改革的推进、加强地方政府债务管理和推动融资平台转型等多重因素影响下，PPP 模式开始迅速发展，并从基础设施扩大到公共服务部门。但目前 PPP 模式仍存在较多问题，风险与收益不对等、退出渠道受限等问题亟待解决。

传统基建投资多集中于铁路、公路、桥梁隧道等领域，依赖以政府信用为核心的投融资模式。在当前高质量发展形势下，信息类、环保类、民生类、科研类等基础设施项目逐步成为关注焦点。由于投资领域发生变化，投融资模式也需要发生相应的改变，需要引入新的模式为基础设施发展提供资金保障。

（三）基础设施运行管理效率相对较低，运管模式有待创新

基础设施行业中有先进的生产力，也有落后的生产力，但整体而言，

我国基础设施整体运营管理效率较低。基础设施的运行效率很大程度上取决于管理体制和运营机制是否健全。政府一直是基础设施的主要供给者，而政府部门的市场化程度并不高，前期主要关注基础设施建设带来的 GDP 拉动效应。在基础设施行业，我国存在重视工程而轻视运营管理的现象，这与缺乏相关政策和责任制有关，其结果是基础设施建成后效率不高，质量管控不到位，投资效益低于预期，服务效果差强人意，同时造成了财政资源浪费。

（四）部分优质资产收益率水平较高，亟待通过市场化方式盘活

经过多年发展，我国基础设施存量已跃居世界第一位。在近百万亿元的基础设施存量资产中，不乏符合市场投资者要求的优质资产。以收费公路为例，我国收费公路的使用率和收入情况较好。2017 年末，我国收费公路里程 16.37 万公里，里程规模居世界第一位，收费公路累计建设投资总额 8.23 万亿元。2017 年我国收费公路通行费收入 5130.2 亿元，比 2016 年增长 12.8%，收费公路通行费与累计建设投资总额比为 6.23%。不同地区收费结构差异较大，沿海经济发达地区的收费公路效益很好，而经济不发达地区的收费公路收支缺口较大。可初步判断有相当一部分的收费公路，无论从规模还是收益角度，均已满足市场化运作的要求。

（五）市场在基础设施领域已积累丰富的证券化实践经验

丰富的基础设施资产证券化的实践经验为公募 REITs 市场奠定基础。截至 2020 年 6 月，我国已发行 230 只、2131 亿元的基础设施收费 ABS 产品。同时，近年市场经历了一段 ABS 产品违约和风险事件密集暴发的时期，其中基础设施收费 ABS 风险暴发的比例较大。在我国基础设施证券化产品发展过程中，市场已积累丰富的实践经验，包括进一步明确适合作为标的资产的基础设施的范围、制定高标准的基础设施运作的合规规则、严格规范现金流归集安排以及强化原始权益人持续经营能力等。在此基础上，我国私募 REITs 基础资产进一步向基础设施领域拓展，截至 2020 年 6

月，我国市场已发行 6 只、102 亿元物流仓储私募 REITs 产品，2 只、40 亿元高速公路私募 REITs 产品和 1 只、47 亿元桥梁私募 REITs 产品。

二、发展的意义

（一）有利于推动国家重大战略的实施

服务雄安新区、海南自贸区、粤港澳大湾区、长三角一体化、深圳社会主义先行示范区建设等重大国家战略。当前基础设施项目的投资规模大，退出渠道单一（主要依靠项目自身运营收益），回收期长（通常要 10 年以上），影响了私人资本参与的积极性。而 REITs 能够在二级市场进行份额交易，为早期投资者提供了顺畅的退出渠道，也为投资者分享国家战略红利提供了机会。相对顺畅的退出渠道，能够提高私人资本参与基础设施建设的积极性，也能为项目提供增量资金。

（二）实现基础设施的高质量发展

有效盘活存量资产，可为基础设施提供长期资金支持。2018 年底，中国境内的固定资产（不含农户）投资额为 63.56 万亿元，其中电厂、水厂、港口、机场、高速公路等基础设施收益稳定、风险较低。REITs 通过存量资产收购或与 PPP 结合方式，引入更广泛的私人资本，可以提高基础设施运营方资金流动性和融资能力，缓解资金压力。其置换债务资金、新增资金也能够进行新的投资建设，有助于基础设施项目的滚动开发。

为 5G、人工智能、工业互联网、物联网等新型基础设施建设提供融资支持。我国城镇化发展到一定阶段，对于基础设施的关注从传统领域扩张到新型基础设施，其建设需要大量资金予以支持。但传统 PPP 模式下私人资本难以有效退出，积极性不高。REITs 可以有效解决私人资本退出难问题，一定程度上满足新型基础设施融资需求。

（三）有助于基础设施的投融资体制改革，并降低债务风险

长期以来，基础设施投融资主要通过政府行政手段完成，而资源配置最有效率的市场手段没有得到充分发挥，导致重复投资、投资不足并存。REITs 引入私人资本，运营高度市场化、信息披露充分、市场约束强，能够解决运营效率低下、重复建设和投资不足的难题，并能改善高杠杆、长周期、重建设、轻运营的传统基础设施投融资模式。

降低宏观杠杆率、防范系统性金融风险，降低地方政府和国有企业债务负担。基础设施投融资退出难度大，地方政府或城投存在兜底或回购安排，容易形成政府隐形债务。REITs 作为权益型金融工具，并不属于债务，且能够吸引私人资本支持基础设施建设。REITs 对资产负债率一般有明确要求，通常不超过 45%，实践中新加坡、中国香港等地 REITs 的负债率长期保持 30% 左右。同时企业以基础设施存量资产发行 REITs，在不增加债务的情况下收回前期投资，可用于归还其他债务或用于补充其他投资项目的资本金，从而在整体上降低宏观杠杆率。

（四）提高基础设施管理效率

我国政府是基础设施的主要投资者，长期以来缺乏市场化竞争压力，在基础设施的运营管理上存在“谁投资、谁亏损”“建设越多、亏损越大”的情况，管理效率不高。REITs 能够使投资主体多元化，促使基础设施的经营方转换经营理念，改变其管理模式，从而提高基础设施的运行效率。借助 REITs 对资产运营水平不断提升的内在要求将倒逼运营企业建立精细化、市场化和长期化的经营管理机制，助力企业在新形势下打造核心竞争力。

第六节　我国基础设施公募 REITs 的规则要点

2020 年 4 月 30 日，《关于推进基础设施领域不动产投资信托基金

（REITs）试点相关工作的通知》发布，我国基础设施公募 REITs 市场正式启航。截至 2021 年 2 月，中国证监会、发改委、沪深交易所、证券业协会、基金业协会和中证登共发布多份政策文件，构成了我国基础设施公募 REITs 的规则体系（如表 3－5 所示）。

表 3－5　截至 2021 年 2 月我国基础设施 REITs 的政策文件

时间	政策文件	发布单位
2020 年 4 月 30 日	《关于推进基础设施领域不动产投资信托基金（REITs）试点相关工作的通知》	发改委、中国证监会
2020 年 8 月 3 日	《关于做好基础设施领域不动产投资信托基金（REITs）试点项目申报工作的通知》	发改委
2020 年 8 月 7 日	《公开募集基础设施证券投资基金指引（试行）》	中国证监会
2020 年 9 月 11 日	《关于做好第一批基础设施 REITs 基础设施 REITs 试点项目申报工作的通知》	发改委
2021 年 1 月 21 日	《国家发展改革委办公厅关于建立全国基础设施领域不动产投资信托基金（REITs）试点相关工作的通知》	发改委
2021 年 1 月 29 日	《公开募集基础设施证券投资基金业务审核指引（试行）》 《公开募集基础设施证券投资基金发售业务指引（试行）》 《公开募集基础设施证券投资基金（REITs）业务办法（试行）》	沪深交易所
2021 年 1 月 29 日	《公开募集基础设施证券投资基金网下投资者管理细则》	中国证券业协会
2021 年 2 月 6 日	《公开募集基础设施证券投资基金（REITs）登记结算业务实施细则（试行）》 《中国证券登记结算有限责任公司上海证券交易所公开募集基础设施证券投资基金登记结算业务指引（试行）》 《中国证券登记结算有限责任公司深圳证券交易所公开募集基础设施证券投资基金登记结算业务指引（试行）》	中证登
2021 年 2 月 8 日	《公开募集基础设施证券投资基金尽职调查工作指引（试行）》 《公开募集基础设施证券投资基金运营操作指引（试行）》	中国基金业协会

资料来源：根据公开资料整理所得。

一、资产结构、收入来源、收益分配和杠杆率水平受到严格约束

在资产结构方面，经穿透后，基础设施公募 REITs 80% 以上的基金资产应投资于基础设施项目，且基金管理人应获得基础设施项目完全的控制权和处置权，其余基金资产应当依法投资于利率债、AAA 级信用债或货币市场工具。

在收入来源和收益分配方面，基础设施公募 REITs 的基金管理人主动运营管理基础设施项目，以获取基础设施项目租金、收费等稳定现金流为主要目的，同时应当将 90% 以上合并后基金年度可供分配金额以现金形式分配给投资者，且收益分配在符合分配条件的情况下每年不得少于 1 次。

在杠杆率水平控制方面，基础设施公募 REITs 直接或间接对外借入款项，应当遵循基金份额持有人利益优先原则，不得依赖外部增信，借款用途限于基础设施项目日常运营、维修改造、项目收购等，且基金总资产不得超过基金净资产的 140%。同时，用于基础设施项目收购的借款金额不得超过基金净资产的 20%。

二、基础资产类型丰富，产生现金流的稳定性较高

基础设施公募 REITs 试点项目聚焦重点区域和重点行业。基础资产主要集中于京津冀、长江经济带、雄安新区、粤港澳大湾区、海南、长江三角洲等重点区域，属于基础设施补短板行业和新型基础设施，大致包括以下几种类型：

（1）仓储物流；

（2）收费公路等交通设施；

（3）城镇污水垃圾处理、固废危废处理等污染治理项目；

（4）水电气热等市政工程；

（5）信息网络等新型基础设施；

（6）国家战略性新兴产业集群、高科技产业园、特色产业园等。

基础资产在产生现金流的稳定性上具有较高的要求。一是基础资产权属清晰，已按规定履行项目投资管理，以及规划、环评和用地等相关手续，已通过竣工验收。二是原则上运营3年以上，已产生持续、稳定的现金流，投资回报良好，并具有持续经营能力、较好增长潜力。三是现金流来源合理分散，且主要由市场化运营产生，不依赖第三方补贴等非经常性收入。

三、采用“公募基金＋资产支持证券”的交易结构

为适配当下的立法环境，基础设施公募REITs采用“公募基金＋资产支持证券”的交易结构，即公募REITs基金通过ABS和项目公司等载体取得基础设施项目完全所有权或经营权利（如图3－3所示）。其中，基金管理人承担主动运营管理基础资产责任，与基础设施资产支持证券管理人存在实际控制关系或受同一控制人控制。

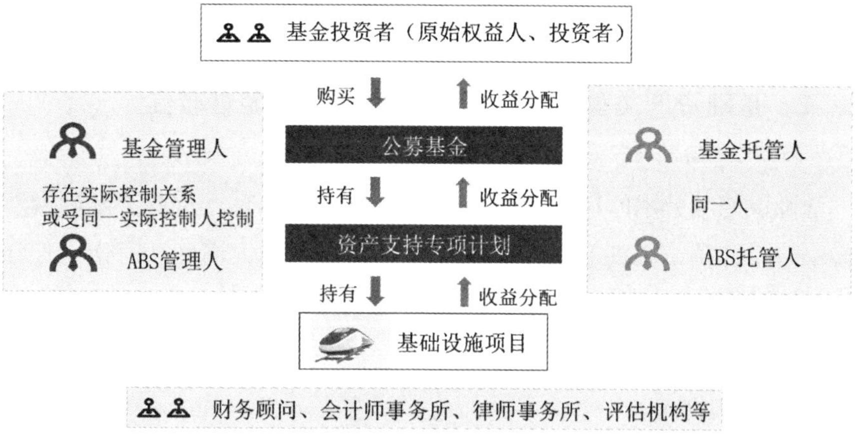

图3－3 REITs“公募基金＋资产计划”交易结构示意图

四、确保基础资产的持续运营能力

原始权益人参与战略配售比例不低于20%，锁定期5年。规则要求原始权益人或其同一控制下的关联方必须参与战略配售，比例合计不少于基金份额发售总量的20%，其中基金份额发售总量的20%持有期不少于60个月，超过20%部分持有期不少于36个月；其他专业机构投资者可以参与战略配售，配售比例由基金管理人合理确定，持有期限不少于12个月。

强化基金管理人与托管人专业胜任研究。基金管理人除应当具备常规公募基金投资管理能力外，还应当配备不少于3名具有5年以上基础设施项目投资管理或运营经验的主要负责人员；具备健全有效的基础设施基金投资管理、项目运营、内部控制与风险管理制度和流程；基金管理人或其同一控制下的关联方应当具有不动产研究经验，配备充足的专业研究人员，具有同类产品或业务投资管理或运营专业经验，且同类产品或业务不存在重大未决风险事项。同时，要求基金托管人应当具有基础设施领域资产管理产品托管经验，并为开展基础设施基金托管业务配备充足的专业人员。

第七节　思考与启示

一、支持处于不同阶段的基础设施发展

印度基础设施 REITs 规则对私募产品和公募产品做了明确区分，为建设中基础设施项目更好地融资，私募基础设施 REITs 与公募基础设施 REITs 在底层资产成熟度、投资者群体和数量、最低投资额和最低交易单元上均存在差异。我国在推出基础设施 REITs 时，可借鉴印度的做法，未来

待时机成熟，可探索私募基础设施 REITs 支持在建基础设施的融资。在建基础设施融资需求更迫切，但市场风险更大。因此，需将投资者群体限定在合格投资者，同时需做好基础设施运营的信息披露工作。

二、提升基础设施 REITs 的吸引力，保证资产的营运责任

确保基础设施资产的分散度，同时积极引入个人、保险和外资。其一，基础资产应具有一定的分散性，可在审核中通过窗口指导的方式予以引导。其二，参考印度经验，合理设置基础设施 REITs 的投资门槛并允许国际投资者投资基础设施 REITs，同时加强对个人、外资和保险的宣传推介工作，降低基础设施 REITs 的融资成本。在原始权益人对底层资产的持股比例下降的情况下，应采用合理机制将底层资产管理费与基础设施的营运绩效挂钩，以激励原始权益人认真履行其运营责任。

三、结合多方力量，撬动税收中性政策

证监会应会商发改委、财政部和国税局，共同推进基础设施 REITs 秉承税收中性原则。可从以下两点着手：一方面，项目公司的运营和出售资产收入，用于分红部分应予以免征企业所得税或准许税前抵扣；另一方面，对违反分红、收入、资产以及股权测试的 REITs，应取消资格，还应征收一定比例的惩罚性税收，且在随后 4 年内不得再次申请成为 REITs。

第四章

住房租赁 REITs 市场发展研究

我国一直致力于改善人民住房状况，满足人民居住需求，保障人民安居乐业。伴随着房价的飞速上涨和城镇化进程的快速推进，目前我国的住房保障工作仍面临较大的压力和挑战。相比于“居者有其屋”，近年来另一个更为科学的概念“住有所居”逐渐进入媒体和公众的视野。“住有所居”强调人人有房可居，强调公民对住房的使用权，并不要求必须拥有所有权，这一提法更加契合我国目前的现实状况。为实现这一住房保障目标，我国从供给端和需求端着手，出台了一系列政策支持住房租赁市场发展。从供给端来看，出台了包括增加租赁住房土地供给、降低租赁住房土地地价，鼓励发展以住房租赁为主业的专业化企业等政策。从需求端来看，包括提出“租售同权”、加强租房者权益保护等措施，有效提升租赁市场需求。

发展住房租赁 REITs，推动租赁企业轻资产运营，提升租赁市场服务质量，是资本市场支持住房租赁行业发展的重要渠道之一。相比于销售模式下的“建造→销售→建造”高周转盈利模式，住房租赁的运营模式为“建造→持有→运营”，对资金量占用更大，众多租赁住房运营商轻资产运营需求强烈。从境外成熟市场经验来看，住房租赁 REITs 通过发行收益凭证募集众多投资者的资金，再交由专业的投资机构进行租赁住房的运营管理，并将投资收益按比例分配给投资者，是实现租赁住房运营商轻资产管理的重要途径。基于此，我国证监会、住建部联合发布《关于推进住房租赁资产证券化相关工作的通知》，文件指出重点支持住房租赁企业发行以其持有不动产物业作为底层资产的权益类资产证券化产品，试点发行房地产投资信托基金（REITs）。此后市场不断探索，截至 2020 年 6 月，我国境内共发行 15 只、178.4 亿元的住房租赁私募 REITs 产品。但受限于法律法规，私募 REITs 大多采用“资产支持证券 + 私募基金”的结构，与标准 REITs 在交易结构、税负水平、收益分配等方面仍有明显差异。

放眼国际市场，住房租赁 REITs 产品发展已积累较多实践，各项制度规则和运营经验均较为成熟。梳理境外市场，我们发现美国和日本的住房租赁 REITs 市场已具相当规模，而中国香港市场虽无住房租赁 REITs，但领展 REITs 的成功经验值得借鉴。美国和日本分别在 1980 年和 2004 年推出第一只住房租赁 REITs，截至 2020 年 6 月，美国和日本分别有 21 只和 6 只住房租赁 REITs 产品，市值分别达 1448 亿美元和 1.95 万亿日元。目前，美国已经出现 3 家百亿美元级市值住房租赁 REITs 企业，AVB（市值 256 亿美元、8.4 万套公寓）、EQR（市值 254 亿美元、7.8 万套公寓）和 MAA（116 亿美元、9.9 万套公寓）。香港领展 REITs 虽属于零售 REITs，但其通过剥离公租房配套商业物业并上市的方式，有力支持了香港特区公租房市场发展，底层资产估值从 2006 年的 358 亿港元增长至 2020 年 3 月的 1945 亿港元，市场规模较成立时增长数倍至 2020 年 6 月的 1307 亿港元。

REITs 在我国属于发展初期的创新产品，如何支持我国境内租赁市场发展、推进过程中将面临哪些难点，尚缺乏系统性研究。基于此，本书将从境外经验和国内实践两个方面着手，深入分析美国、日本和中国香港等国家和地区发展住房租赁 REITs 的经验与教训，同时厘清我国住房租赁 REITs 的发展难点，以期为我国境内住房租赁 REITs 的发展提供相关思考建议。

第一节　境外主要市场发展概况

从全球看，美国、日本、澳大利亚、英国、法国、新加坡和中国香港是重要的 REITs 市场[①]。通过梳理以上市场发展实践，我们发现：美国和日本的住房租赁 REITs 市场发展较为成熟，市场规模较大，且底层资产类型丰富；中国香港虽无住房租赁 REITs，但领展 REITs 有力支持了公租房建设，且市场规模占比较高。因此，本节主要梳理美国、日本和中国香港地区市场的发展情况。

一、境外住房租赁 REITs 的市场规模

本书从市场形成时间和市场规模等角度，简要介绍美国、日本和中国香港地区 REITs 市场发展情况，并考察住房租赁 REITs 在这些市场中的重要程度。

（一）美国和日本具有较为成熟的住房租赁 REITs 市场，在 REITs 市场中占比约 15%

美国和日本 REITs 市场规模为全球第一名和第二名。美国 REITs 起步于 1960 年，截至 2020 年 6 月，共有 219 只上市 REITs，市值达 1.13 万亿美元，其中权益型 REITs 占比为 95%。日本是亚洲首个推出 REITs 的国家，起步于 2001 年，截至 2020 年 6 月，共有 62 只[②]上市 REITs，市值达 13.42 万亿日元（1293 亿美元）。

美国和日本的住房租赁 REITs 市场规模较大，占 REITs 总规模的比重约为 14%。美国首只住房租赁 REITs 于 1980 年上市，截至 2020 年 6 月，美国共有 21 只、1545 亿美元的上市住房租赁 REITs，占权益型 REITs 市场的比重约为 14%，仅次于基础设施 REITs（2196 亿美元，20%）（如图 4-1 和图 4-2 所示）。日本首只住房租赁 REITs 于 2004 年上市，截至 2020 年 6 月，共有 5 只、1.02 万亿日元的上市住房租赁 REITs，规模占比

① 标准普尔全球 REIT 指数（S&P Global REIT Indices）和 MSCI 世界 REITs 指数（MSCI World REITs Index）中 95% 以上的成分股都在这些国家上市。

② 这 62 只 REITs 是交易所上市的 REITs，不包含已退市的 REITs。

约为8%（如图4－3所示）。值得注意的是，日本有14只多元类上市REITs和2只复合类上市REITs也持有租赁住房资产，且租赁类资产占比在4.3%~79.1%（如表4－1所示），因此也可视为住房租赁REITs。日本住房租赁REITs市场总规模达1.94万亿日元（175亿美元），约占REITs市场的14%。

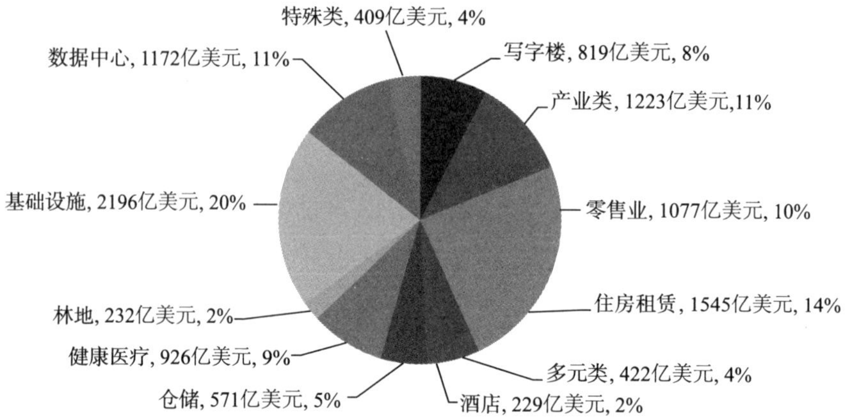

图4－1 2020年6月美国权益型REITs分布情况

数据来源：美国房地产投资信托协会（NAREITs）。

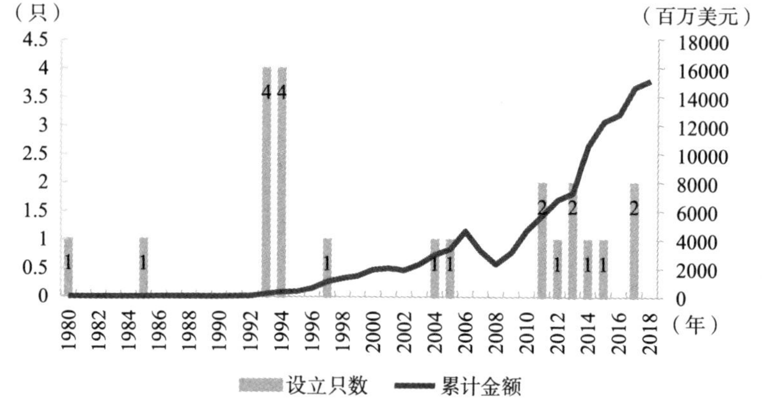

图4－2 1980—2018年美国住房租赁REITs只数和金额

数据来源：美国房地产投资信托协会（NAREITs）

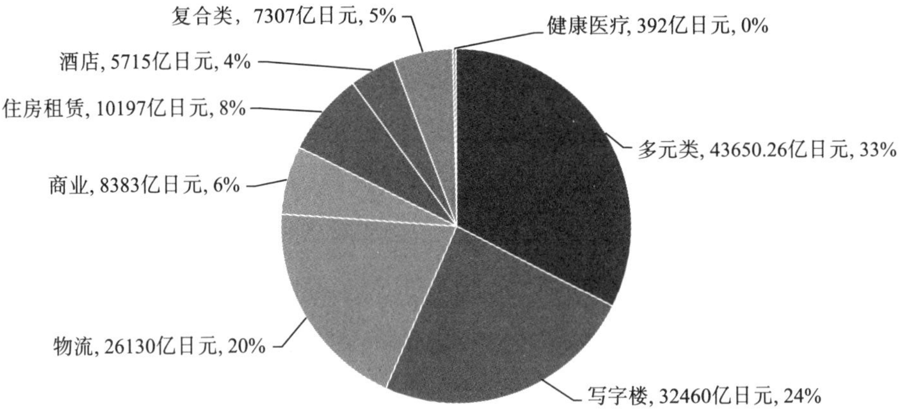

图 4－3　2020 年 6 月日本各类 REITs 市场规模

数据来源：Japan－REIT. com。

表 4－1　2020 年 6 月日本多元类和复合类 REITs 持有租赁住房资产情况

名称	类型	租赁住房资产占比（%）	市场规模（亿日元）
Orix JREIT	多元类	10	3902. 64
United Urban	多元类	7. 50	3651. 57
Heiwa	多元类	56. 30	1022. 93
Fukuoka REIT	多元类	4. 30	1025. 25
Daiwa House REIT	多元类	36. 60	5577. 84
Invincible	多元类	22. 90	1707. 12
Nippon REIT	多元类	18	1561. 26
Tosei REIT	多元类	41. 30	358. 21
Sekisui House REIT	多元类	53. 80	3002. 07
Nomura Master	多元类	20. 10	6101. 47
Star Asia	多元类	21	798. 68
Marimo Regional Revitalizatic	多元类	43. 20	159. 4
Sakura Sogo REIT	多元类	11. 70	271. 07
Xymax REIT	多元类	8. 20	203. 74
Premier	复合类	35. 30	1563. 27
Kenedix Residential	复合类	79. 10	1784. 56

数据来源：http：//en. japan－reit. com。

（二）中国香港未推出住房租赁 REITs，但领展 REITs 有力支持了公租房建设

中国香港 REITs 市场规模较小，未有专门的住房租赁 REITs 上市。中国香港 REITs 市场起步于2005 年，截至2020 年6 月，共有11 只、2149 亿港元的上市 REITs，底层资产以零售类和酒店为主，占比达 80%（如表 4－2 所示）。香港地区未推出住房租赁 REITs，主要有两个方面原因：其一，从资产端看，香港地区租赁市场以公租房为主，房源数量占比高达 67.3%，资本化率较低，介于 2%～2.8%[①]，对投资者吸引力不足；其二，从发行端看，房地产企业多为资金实力雄厚的家族集团企业、融资成本低，对 REITs 需求不高。

表 4－2　　2020 年 6 月中国香港 REITs 市场概况

名称	类型	分红收益率（%）	市场规模（亿港元）
领展 REITs	零售类	4.14	1307
越秀 REITs	多元类	6.01	114
置富 REITs	零售类	6.46	124
冠君 REITs	零售类	5.88	238
汇贤 REITs	多元类	6.36	149
泓富 REITs	多元类	7.73	35
阳光 REITs	多元类	7.38	64
春泉 REITs	多元类	6.64	37
富豪 REITs	酒店	8.79	40
开元 REITs	酒店	2.77	10
招商 REITs	多元类	3.37	31
总计			2149

数据来源：港交所网站。

中国香港虽并无专门的住房租赁 REITs，但领展 REITs 发展较为成功，有力的支持了香港地区公租房建设。2002 年，香港地区受金融危机影响，房价大幅下跌、失业率高企。为刺激经济，香港特区政府取消“租住权”

① 公租房数量占比数据来源于香港统计年鉴，资本化率数据来源于 Wind。

保障，香港特区房委会停止“居者有其屋计划[①]”和“租者置其屋计划[②]”，导致其财务压力增加。为缓解压力，房委会决定出售公租房配套商业及停车场等 180 项资产[③]，并成立领展 REITs，以将资源集中于公租房建设。领展 RETIs 显著提高了相关资产的运营效率，经营业绩表现优异，底层资产估值从 2006 年的 358 亿港元增长至 2020 年 3 月的 1945 亿港元，市场规模较成立时增长数倍至 2020 年 6 月的 1307 亿港元，占香港 REITs 总市值的比重达 60%。

二、境外住房租赁 REITs 的底层资产

（一）REITs 持有租赁住房数量不断增长，在房屋租赁市场中仍占比较小

REITs 是住房租赁市场中重要的机构投资者，持有租赁住房数量不断增长。不过由于租赁市场本身基数较大，REITs 持有租赁住房数量在全市场中占比较小。据美国人口普查局统计，截至 2015 年底，美国个人和机构[④]投资者持有的租赁住房占比分别为 48% 和 52%，机构投资者中 REITs 持有的租赁住房占比约为 3.1%。从单个投资者拥有房屋数量来看，个人拥有的租赁住房数量平均较少，主要集中在 1～4 个单元；机构投资者集中在 5～49 个单元和 50 个单元以上，其中 REITs 持有 50 个单元以上的租赁住房较多，占该类型租赁住房数量的比重达 4.28%（如图 4－4 所示）。截至 2013 年底，日本租赁住房数量约为 1800 万套，分为“私人租赁住房”“政府或非营利法人提供的廉租房”和“企业或政府机关宿舍”三类

① 房委会兴建住宅，凡香港地区永久居民及低收入的市民均可以较私人楼宇低的价格购买。房委会推出该计划的目的是协助市民置业。

② 香港的公共房屋租户，能以低廉的价格购买所住的单位，房委会推出这项计划有助增加收入，以及减轻政府对公共房屋资助的负担。

③ 世邦魏理仕对 180 项资产估值为 338.02 亿港元，领展 REITs 上市时募集资金 341.85 亿港元用以收购该资产组合，两者接近。

④ 机构包括有限合伙企业、有限责任公司、有限责任合伙企业、普通合伙企业、REITs、房地产公司、住房合作社、非营利组织及其他。

（如图 4 －5 所示），私人租赁住房中个人和机构投资者占比分别为 17 % 和 83 %，机构投资者中 REITs 持有住房占比约为 1.2%。

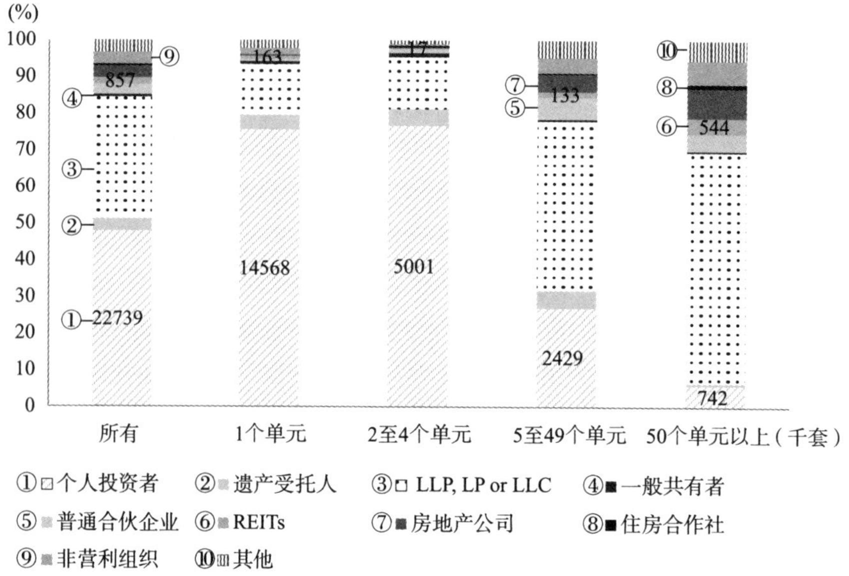

图 4 －4　2015 年美国住房租赁市场所有者结构

数据来源：JCHS tabulations of US Census Bureau，2015 Rental Housing Finance Survey。

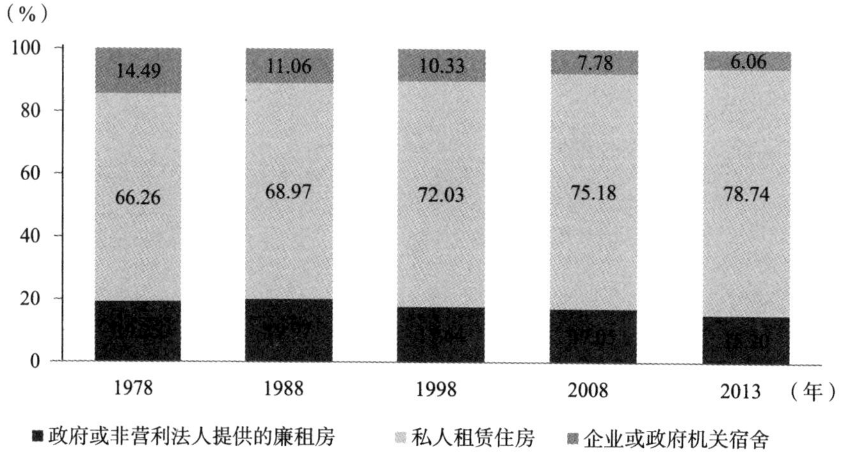

图 4 －5　1978—2013 年日本住房租赁市场各类房源数量占比

数据来源：日本 2013 年住房与土地调查。

（二）底层资产以公寓为主，独栋和移动房屋占比有所提高

美国和日本的住房租赁 REITs 底层资产均以公寓为主。截至 2019 年底，美国住房租赁 REITs 底层资产包含公寓、独户和移动房屋，资产规模分别为 1058 亿美元（15 只）、235 亿美元（4 只）和 244 亿美元（3 只），占比为 69%、15% 和 16%。日本住房租赁 REITs 底层资产全部为公寓，以单身公寓和紧凑型住房（一室一厅或二室一厅）为主，套内平均面积较小，主要租户群体为单身人群或未生育夫妻。以日本 Advance Residence REIT 为例，其拥有 5322 套单身公寓，12133 套紧凑型住房，两者数量合计占比约为 81%。

随着经济环境的变化，住房租赁 REITs 底层资产类型也在不断丰富。2007 年金融危机后，超过 400 万户美国家庭无力偿还贷款、丧失房屋赎回权，释放了大量的独栋住房房源，独户 REITs 快速发展。截至 2018 年底，REITs 持有 14.53 万套独栋式房屋，占住房租赁 REITs 市场的比重约为 18.11%。

（三）底层资产主要位于大城市城区，交通便利、区域分布分散

住房租赁需求的提升与城镇化进程加快密切相关，因此住房租赁 REITs 的底层资产主要位于大城市城区。以美国最大的住房租赁 REITs EQR 为例，其底层资产几乎全部位于纽约、华盛顿、洛杉矶等大城市[①]。日本 REITs 持有的租赁住房集中在人口净流入的城区，位置多数离公交站、地铁站较近，交通便利。以日本的 5 只住房租赁 REITs 来看，截至 2019 年底，共持有 53618 套租赁住房，主要分布于东京 23 区（60.5%）、环东京城市圈（13.3%）和其他核心区域性大城市（27.2%）（如图 4－6 所示）。此外，住房租赁 REITs 底层资产分散度较高。截至 2017 年底，美国

---

① 数据来源于 EQR 年报。

住房租赁 REITs 平均持有 153 个资产[①]，分布在 16 个州。具体来看，移动房屋、公寓和独户持有资产分别分布在 23 个、13 个和 19 个州。

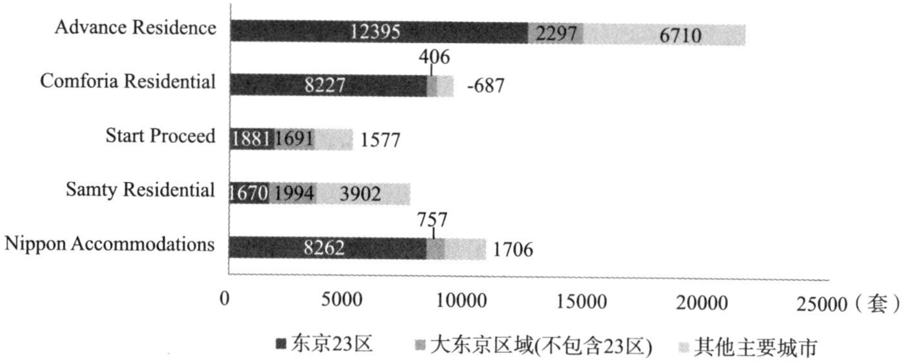

图 4－6　2019 年底日本住房租赁 REITs 资产的地域分布情况

数据来源：各日本住房租赁 REITs 最新披露材料。

三、境外住房租赁 REITs 的收益情况

住房租赁 REITs 的分红收益率高于 10 年期国债，受住房价格变动影响较大，就负债率来看，住房租赁 REITs 较其他类型 REITs 偏高。不过，通过住房租赁 REITs 运营管理的租赁住房，其出租率、租金水平和成本控制等指标均显著优于租赁市场平均水平，说明 REITs 具有更强的运营管理能力。

（一）分红收益率明显高于 10 年期国债，处于 REITs 市场中等水平

美、日住房租赁 REITs 的分红收益率均高于 10 年期国债。2014—2019 年，美国住房租赁 REITs 收益率在 3% 左右，比 10 年期国债平均高 40～100 基点，日本住房租赁 REITs 收益率在 5% 左右，比 10 年期国债高 500 基点左右[②]。值得注意的是，由于美国近年住房价格上升较快，租赁住房资本化率低于其他类型 REITs 的底层资产，所以住房租赁 REITs 平均分红

① 一个资产包含许多套租赁住房。

② 2014—2019 年日本 10 年期国债收益率为－0.05%～0.5%。

收益率处于各类 REITs 的较低水平。日本则不同，由于住房租赁 REITs 底层资产位于核心城市的核心地段，资本化率较高，分红收益率大于 REITs 平均水平（如图 4－7 和图 4－8 所示）。

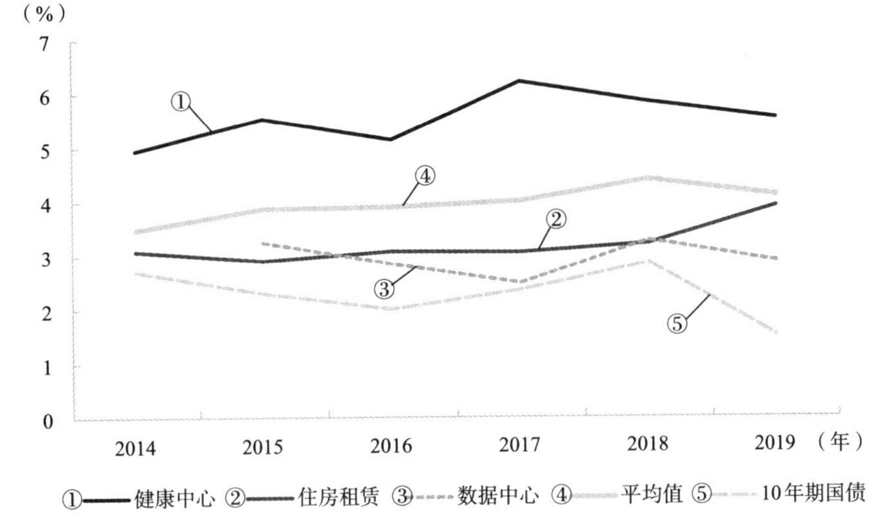

图 4－7　2014—2019 年美国各种类型 REITs 分红收益率情况

数据来源：美国房地产投资信托协会、万得数据库。

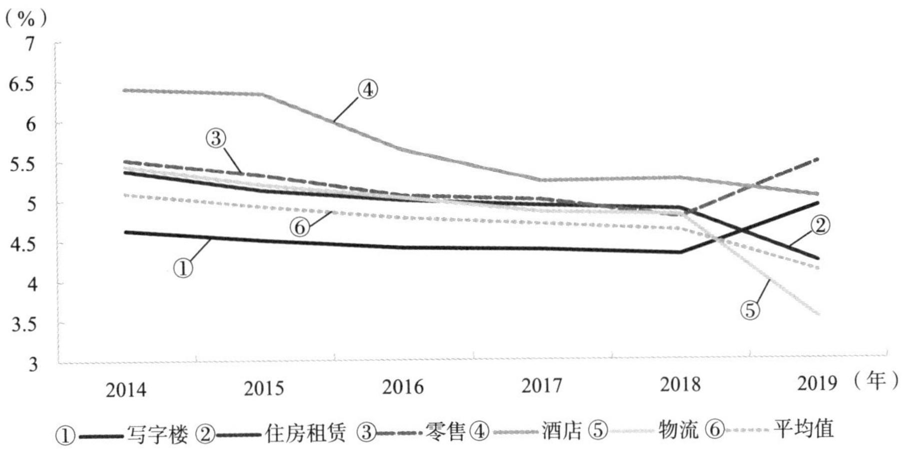

图 4－8　2014—2019 年日本各种类型 REITs 分红收益率情况

数据来源：Japan－REIT. com、Wind 数据库。

（二）资产负债率在 REITs 市场中偏高

美、日住房租赁 REITs 资产负债率明显高于其他类型 REITs，但金融危机后呈下降趋势。美国租赁住房资本化率偏低，住房租赁 REITs 倾向于高杠杆运营。2019 年底，美国住房租赁 REITs 平均杠杆率约为 44%，远高于权益型 REITs（杠杆率为 31%）。日本对 REITs 的杠杆率并无限制，且利率中枢长期处于较低水平，运营中往往过度负债，住房租赁 REITs 表现尤为明显。2019 年底，日本 5 只上市住房租赁 REITs 的杠杆率均在 50% 以上，而其他类型 REITs 很少超过 50%。

2008 年金融危机后，市场普遍认识到高杠杆经营所带来的风险，住房租赁 REITs 资产负债率不断下降。以美国为例，住房租赁 REITs 的杠杆率从 2007 年的 62% 下降到 2019 年的 44%。分类型看，移动房屋、单户和公寓 REITs 资产负债率也呈现出相同特征，截至 2019 年底，资产负债率分别为 27%、46% 和 47%，相比金融危机时期分别下降了 58%、7% 和 15%（如图 4 - 9 所示）。

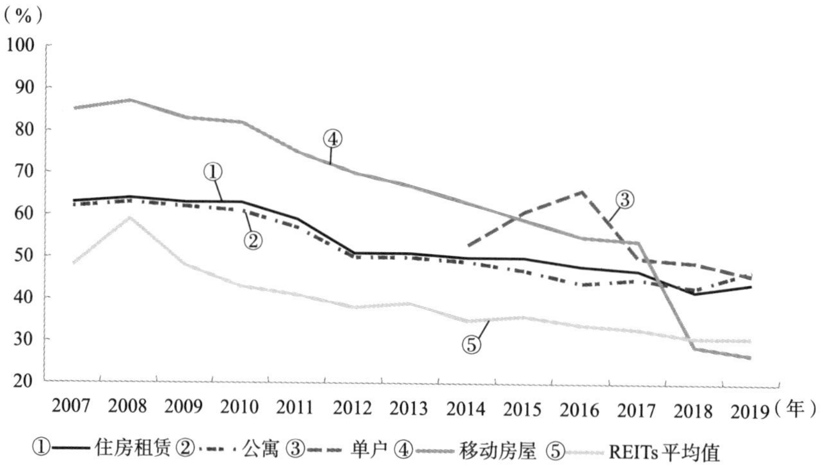

图 4 - 9　2007—2019 年住房租赁 REITs 资产负债率变化情况

数据来源：彭博、美国房地产投资信托协会。

（三）运营管理能力较强，经营业绩优于租赁市场整体水平

美国住房租赁 REITs 运营能力优于租赁市场整体水平，并产生了

EQR、AVB 和 MAA 等一批优质企业。美国住房租赁 REITs 管理效率更高，体现为员工工资、管理费、市场营销费等可控成本占比为 45%，低于公寓租赁市场 75% 的平均水平①。同时，美国住房租赁 REITs 市场培育出了 EQR、AVB 和 MAA 等知名公司，其经营策略各具特色，经营绩效已成为行业标杆，有力推动美国整个租赁市场的发展。

日本住房租赁 REITs 主动管理能力较强，出租率和租金水平持续增长，优于租赁市场平均水平。资产管理公司通过内、外部增长策略来提升住房租赁 REITs 运营管理能力。内部增长策略旨在减少经营成本、提升服务质量、加强房屋维护，提升租金。外部增长策略旨在通过资产买卖提高资产组合整体质量。以 Advance Residence REIT 为例，2011—2018 年，租赁住房的租金水平和出租率呈震荡上升态势，租金水平和出租率较 REITs 成立时分别上涨了 13.5% 和 3.1%（如图 4－10 所示），与东京 23 区租赁市场空置率高企和租金水平持续下跌的态势形成鲜明对比。

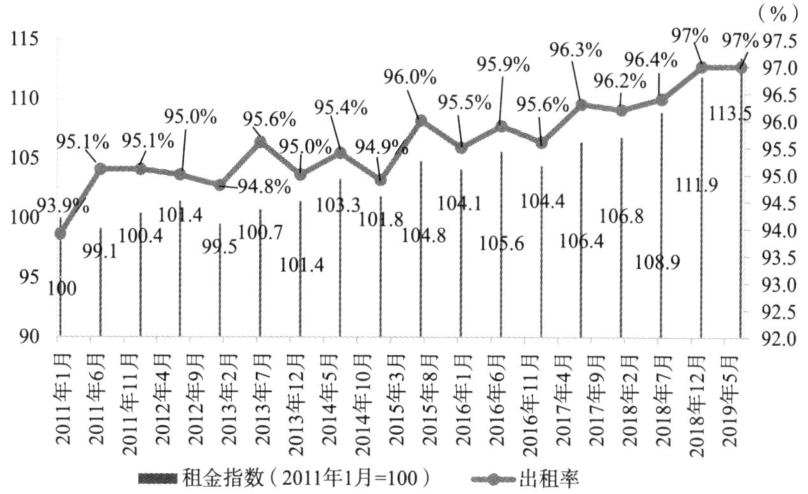

图 4－10　Advance Residence REIT 住房出租率和租金变动情况

数据来源：Advance Residence REIT 最新披露材料。

① 运营公寓各项支出包括房产税、保险、公共设施、员工工资、管理费、行政管理、市场营销费、合约服务费和修理维护费，其中房产税和保险是不可控成本，其余支出则为可控成本，可通过提升管理效率使之降低。

四、小结

从全球来看，只有美国和日本形成了规模较大的住房租赁 REITs 市场，中国香港地区虽未形成住房租赁 REITs 市场，但领展 REITs 却支持了香港特区的公租房建设。第一，美国和日本住房租赁 REITs 市场较为成熟、规模较大，在各自 REITs 市场中规模占比均超过 15%。第二，住房租赁 REITs 底层资产整体以公寓为主，类型正在不断丰富。美国表现尤为突出，底层资产类型扩展至独户、移动房屋和廉租房等。第三，美、日住房租赁 REITs 分红收益率比 10 年期国债收率高，但负债率偏高。从住房租赁市场来看，住房租赁 REITs 的运营能力显著优于租赁市场平均水平，成本控制更低、租金水平和出租率更高。

香港领展 REITs 是 REITs 支持公租房建设的典型案例。一方面，房屋委通过将资产出售给 REITs，获得了接近相关资产净值的收入，且履行了为公租房提供商场及停车场等配套设施的义务。另一方面，将商业配套出售给领展 REITs，反而提高了相关资产的运营效率，可为周边居民提供更优质的服务。得益于资产运营效率的提升，领展 IPO 以来，底层资产估值和市场规模增长较快，经营业绩表现优秀。

第二节　境外发展依赖的市场环境

住房租赁 REITs 市场的形成与发展需要合适的环境。梳理境外经验，笔者发现住房租赁 REITs 市场的发展需要住房租赁市场和资本市场均具备相应的环境。

一、境外住房租赁 REITs 发展的住房市场环境

第二次世界大战结束之后，美、日城市化进程不断推进，战后人口大

幅增加，导致住房市场供需矛盾突出。此时，美、日住房政策的重点在于促进住房建设，提升居民住房拥有率。20 世纪 70 年代以后，美、日住房拥有率长期稳定在 60%～70%，美、日住房政策转向支持住房租赁市场发展。同时，房地产行业面临商业模式转型压力，即从以开发、建设和销售的模式转向以资产管理服务为主导的模式。

（一）国家住房政策由鼓励住房自有转向支持住房租赁

美、日等国家的住房政策均经历了由鼓励建房、鼓励居民拥有住房向鼓励租房、鼓励租赁市场发展的转变。第二次世界大战结束至 20 世纪 70 年代前，美、日住房市场供需矛盾突出，住房政策重点在于推动住房建设，提高住房拥有率。这段时期内，美、日人口迅速增长 50%，城市化率分别提升 15% 和 50% 至 70% 以上，住房市场需求快速提升，供需矛盾突出。为此，美、日等国家通过鼓励住房抵押贷款市场发展来提升居民购房需求。例如美国通过联邦住房管理局（FHA）、退伍军人管理局（VA）和联邦全国抵押贷款协会等组织，降低住房抵押贷款首付比例、延长还款期限。20 世纪 60 年代末，美、日住房拥有率均提升至 60% 以上。20 世纪 70 年代后，美、日人口增速放缓，城市化率和住房拥有率基本稳定，住房市场供需总体达到均衡，但局部不均衡仍然存在，主要表现为低收入人群住房拥有率和重点城市人口住房拥有率过低①。为解决局部不均衡问题，住房政策从鼓励提高住房拥有率转向鼓励租赁市场发展。

美、日等国家从供给端和需求端两方面促进租赁住房市场发展：其一，在供给端，美国主要使用包括税收抵免计划、房产税和个人所得税抵免在内的税收手段鼓励开发商和私人业主，刺激租赁住房供给，日本则直接采取政府提供保障性租赁住房的方式增加供给。其二，在需求端，通过对租户直接采取租金补贴、要求房东承担更多义务责任以保障租户权益等多重手段来提升租赁市场需求。美国最著名的补贴制度是租房券计划，

① 20 世纪 70 年代初，美国少数族裔住房拥有率和东京人口住房拥有率仅为 50% 左右。

1974 年的《房屋及社区发展法案》建立了第一个全国租房券计划，该计划旨在直接补贴租房者，截至 2009 年，租房券计划资助的家庭超过 220 万户，超过其他任何联邦住房项目。此外，从保护租房人权益的角度出发，美、日法律均要求房东承担适住性担保义务和更多的侵权责任，限制房东终止租赁的权利，给承租人以正当理由驱逐的保护①。

（二）房地产行业面临转型压力，REITs 成为合适的组织形式

美、日等国家住房租赁 REITs 推出之时，社会对新增住房的需求呈下降趋势，房地产行业原有的高周转模式难以为继，房地产企业具有转型的内在需求。随着人口增速放缓，城市逐渐发展成熟，美、日住房建设数量逐渐下降（如图 4－11 所示）。在住房销售市场停止增长的背景下，20 世纪 70 年代，美、日房地产行业就面临经营模式转变的压力，即从以物业开发、建设和销售的模式转向以资产管理服务为主导的模式。

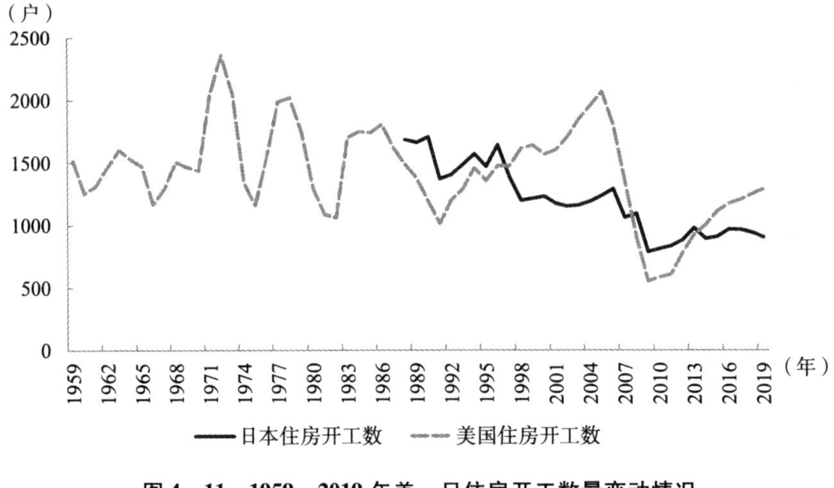

图 4－11　1959—2019 年美、日住房开工数量变动情况

数据来源：万得（Wind）。

① 美国要求房东有保证出租房屋适于居住的义务，以及不得因为房客的种族、肤色、信仰等方面有所歧视，当承租人不能按时支付延期未付的租金时，房东也不得采取断水、断电，挪走承租人行李等乃至暴力手段胁迫、驱赶承租人。日本要求房东不能随意更改租赁合同的内容，如需修改，应提请法院裁决，有效地保护了租房者的利益。

住房租赁 REITs 市场通常形成或快速发展于住房价格快速下行时期。一般来说，住房价格上涨导致供给增加，房地产公司高杠杆运营；当住房价格走势发生逆转，房地产商融资困难，资金链面临断裂风险，此时 REITs 成为房地产商解决财务困境的融资工具。同时，REITs 本身专注于资产管理，符合房地产行业的发展趋势，两种因素作用下，住房租赁 REITs 市场快速发展。美国 1980—1985 年、1990—2000 年、2007—2012 年均处于房地产下行周期（如图 4－12 所示），对应 REITs 市场发展，1980—1985 年住房租赁 REITs 市场形成、1990—2000 年产生了 8 只住房租赁 REITs，2007—2012 年产生了 5 只住房租赁 REITs。

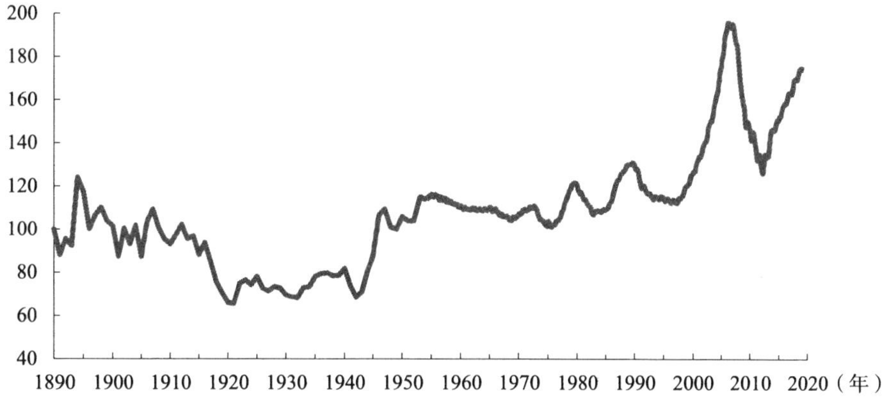

图 4－12　美国 1890—2019 年经通货膨胀调整的住房价格

数据来源：Robert Shiller's website。

二、境外住房租赁 REITs 发展的租赁市场环境

（一）住房租赁市场规模较大，为 REITs 市场提供足够的底层资产

美、日住房租赁市场规模较大，租赁住房在所有住房供给中的占比约

为 35%[1]。截至 2016 年底，美国租赁市场存量房约为 4710 万套，占美国所有房屋供给的 35%，其中约 4370 万套房屋用于出租，340 万套空置[2]（如图 4 – 13 所示）。2013 年日本租赁住房数量占比约为 35%，平均套内面积较小。日本共有租赁住房 1845 万套，占未空置住房的比重为 35%。从租金规模来看，2016 年美国租金中位数约 980 美元/月套，租金规模约为 3.54 万亿元，2013 年日本年租金中位数约为 54040 日元/月套，租金规模约为 7206 亿元[3]。

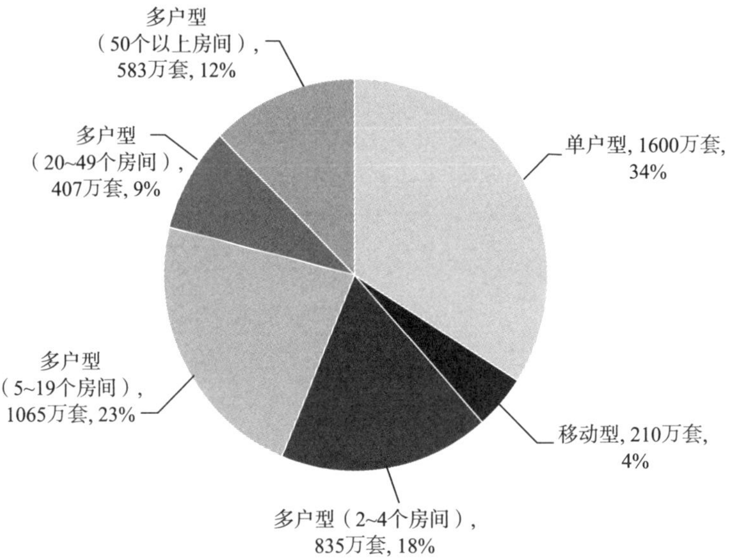

图 4 – 13　2016 年美国住房租赁存量市场房间数

数据来源：JCHS tabulations of US Census Bureau。

从租赁人口结构来看，租赁市场覆盖的人群逐步扩大。截至 2016 年底，美国租赁市场以单身、已婚和单亲家庭租客为主，占比约为 37%、28% 和 17%。租赁人群通常年龄较小、收入较低、受教育程度不高，但近

---

① 美国数据来源于《JCHS tabulations of US Census Bureau, 2000—2016 American Community Surveys》，日本数据来源于《日本 2013 年住房与土地调查》。

② 340 万套空置房中，其中 18% 已经用于出租，82% 尚未出租。

③ 租金规模均已换算成人民币元。

年来租赁市场人群结构有所调整，年龄偏大、中高收入、高学历群体占比上升。从收入情况看，与2000年相比，中高收入群体比重大幅上升17个百分点。日本租赁市场以单身租客为主，且年龄结构亦出现较大变化：24岁以下的单身租客数量显著下降，25~34岁的人群逐渐成为租房主力，老年租客持续增加。

（二）租赁市场机构化运营比例高，具有发展 REITs 的内生动力

美、日两国住房租赁市场专业运营机构较多，市场占比较高，保证了住房租赁 REITs 市场有足够的发起主体和存续期管理能力。美、日住房租赁机构化运营占比分别为30%和83%①。在运营模式上，美国主要采用重资产运营模式，日本则主要是轻资产运营模式。从专业运营机构类型来看，美国主要包括 REITs、房地产开发商和公寓运营商；日本主要包括资产管理公司、REITs 和私募股权基金。美国 REITs 和房地产开发商采用"持有+运营"的模式，公寓运营商则采用轻资产运营模式，排名前十位的大机构中有九个是 REITs 和房地产开发商；日本资产管理公司采用托管运营的轻资产运营模式，此模式下的租赁住房数量约1200万套，REITs 和私募股权基金采用"持有+运营"的模式，持有住房数量共30万套。日本机构化租赁市场的集中度更高，其前十大资产管理公司管理的住房接近400万套，占机构运营住房的比重约30%，美国该比例仅为3.33%。

（三）租赁市场资本化率较高，投资者具有较高积极性

2001—2018年，美国住房租赁市场资本化率介于6%~8%，比10年期国债收益率高200~400个基点。资本化率主要取决于资产价格和营运净收入，2006年前美国为提高少数族裔和低收入人群的住房拥有率，降低了住房抵押贷款的要求，住房价格上涨较快，导致租赁住房资本化率下降

① 美国数据来源于 NHMC，日本数据来源于《日本2013年住房与土地调查》。

较快。金融危机后，住房价格迅速回落，资本化率上升。同时，美国开启了量化宽松政策，利率中枢不断下移，10 年期国债收益率与租赁住房资本化率之间的利差迅速扩大，2009 年至今两者利差在大部分时间内超过 300 个基点，足够的利差使得投资者对 REITs 产品积极性较高（如图 4 - 14 所示）。

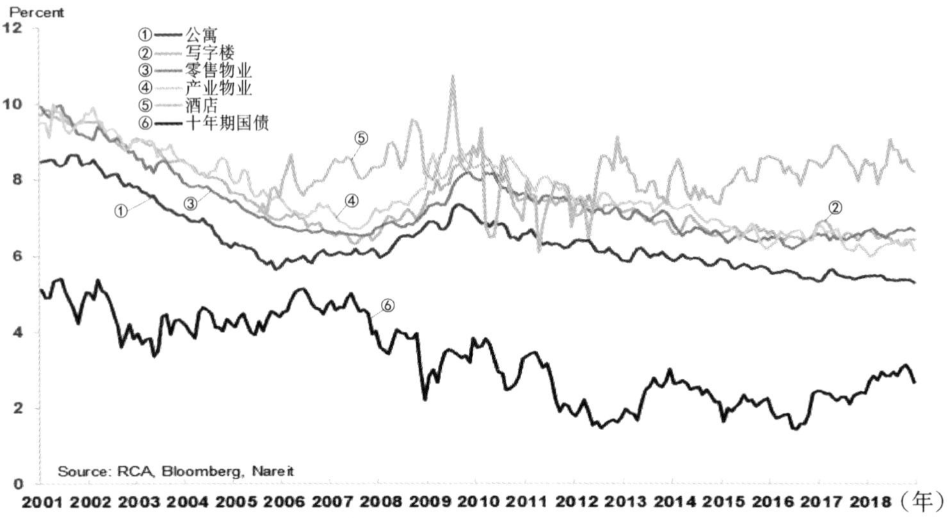

图 4 - 14　美国 2001 - 2018 年各类不动产资本化率情况

资料来源：Moody、Bloomberg、Nareit。

日本部分租赁住房资本化率上升至合理区间。20 世纪 90 年代日本经济泡沫破灭后，住宅价格持续下跌，以日本住宅用地价格为例，1991 年到达顶点后开始下跌。1992—2000 年，日本六大主要城市住宅用地价格下跌 55%，中小城市跌幅 19%。同时，20 世纪 90 年代日本租金水平却持续上涨。一涨一跌使日本东京核心区域部分住房价格落入合理区间，资本化率显著提高。到 2002 年，大东京圈公寓住宅的售租比已经降到 200 以下，租金回报率大于 6%，比 10 年期国债利率高 450 个基点（如图 4 - 15 所示）。日本 REITs 历年所收购的大多数租赁住房资产的资本化率均处于 4.5% ~ 6.0% 之间。

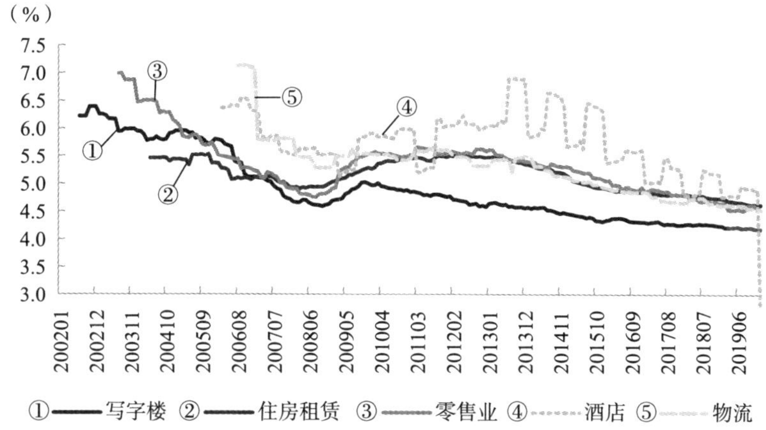

图 4-15　2002—2019 年日本 REITs 收购的租赁住房的资本化率

数据来源：The Association for Real Estate Securitization (ARES)。

三、境外利于住房租赁 REITs 发展的行业生态

(一) 租赁市场专业化运营能力较强，配套服务商形成规模

境外住房租赁 REITs 市场形成之前，租赁市场的机构化、专业化已发展到一定程度，并衍生出租赁服务行业。二十世纪六七十年代，美国在租赁市场需求增加和政策支持下，长租公寓建设进入高潮，形成了一批专业化的住房租赁企业。例如，1969 年成立的 EQR。与美国不同，日本住房以个人持有为主，故日本在 20 世纪 70 年代出现了一批“轻资产”模式的租赁住房资产管理公司。例如，大东建托和 Leopalace21 等著名资产管理公司都在该时期成立，目前日本备案的资产管理公司超过 6000 家。同时，围绕着机构化租赁市场的发展，市场上逐步出现了一批配套服务商，为专业化运营提供包括房源翻新改造、租后管理、数据咨询和软件服务平台等支持。

（二）市场已培育出成熟的投资人群体与专业人才

REITs 市场快速发展之前，美、日市场已发展起与 REITs 类似的房地产私募股权基金（REPE），通过这一产品逐渐培育出成熟的投资人群体和专业的管理人才。以美国为例，美国房地产金融体系相当发达，RMBS 和 CMBS 市场发展较早，房地产商、投资银行和保险、银行、养老基金等机构投资者对地产相关领域资本运作十分熟练。20 世纪 80 年代末，美国储贷危机暴发，市场上出现大量优质价廉的资产，投资者很难通过债权融资收购。投资银行和房地产商等机构发起成立 REPE，收购优质资产并通过主动运营与管理实现收益。REPE 在投资者结构、运营模式方面与 REITs 十分相似，但流动性较差、风险高、持有资产时间较短。REITs 是 REPE 合适的退出渠道，后期住房租赁 REITs 快速发展与此有一定关联。例如，房地产商人 Sam Zell 参与发起美国第一只 REPE，同时又是 EQR 的创始人。日本房地产私募基金形成早于 REITs，随着 REITs 市场的发展，私募基金规模逐渐降低，2018 年底日本 REITs 市场规模已超过私募基金。

四、小结

境外已经形成有利于住房租赁 REITs 发展的环境，具体来看：

住房政策转向支持住房租赁市场是住房租赁 REITs 发展的背景。20 世纪 70 年代之后，住房市场供需总体均衡，但局部不均衡仍存在，表现为低收入人群和重点城市人口住房拥有率偏低，住房政策更多通过促进租赁市场发展解决该问题。政策主要从加大住房租赁市场供给、提振住房租赁市场需求和保护租房者权益三个方面着力。

房地产行业转型创造了住房租赁 REITs 形成的契机。随着社会对新增住房需求的下降，主要市场房地产行业发展转型是大势所趋，传统房地产商面临向资产管理服务机构转型的压力，当住房价格处于下行周期时，兼具融资和资产管理功能的住房租赁 REITs 市场较易发展。

成熟的住房租赁市场是发展住房租赁 REITs 的基础条件。成熟住房租赁市场的典型特征是市场规模大、机构化运营比例高且租赁住房资本化率较高。美、日租赁住房占住房总量的比重均为35%左右，机构化率分别为30%和67.6%，租赁住房资本化率达4.5%~8%，比10年期国债收益率高200多个基点，住房租赁 REITs 发展空间较大。

专业化运营能力和资本运作能力是住房租赁 REITs 发展的必要条件。美、日住房租赁 REITs 市场形成或快速发展之前，租赁市场均已形成机构化运营的行业生态，资产管理与运营能力较强。此外，美、日房地产金融体系较发达，较早形成房地产私募股权基金，房地产商、投资银行和保险、养老基金等机构投资者熟悉房地产领域内的资本运作，共同推动住房租赁 REITs 发展。

第三节 境外支持发展的制度条件

境外住房租赁 REITs 市场的发展，需要政府的支持和引导，美国、日本和香港特区政府出台了众多制度，颇有成效，其经验值得学习。总的来说，有以下三类制度：一是提高 REITs 收益率，使发行人或投资者有动力参与该市场，如针对发行人出台相关的税收优惠或针对廉租房出台相应的税收补贴（Low - Income Housing Tax Credit，低收入税收抵扣证，“LIHTC”）等制度；二是降低 REITs 募集资金的难度，如允许公开募资、上市交易；三是不断培育投资者，提升市场活跃度。

一、境外支持住房租赁 REITs 发展的税收优惠

境外 REITs 秉承税收中性原则，交易和持有环节有税收优惠政策支持，发行人动力较强。交易环节，境外 REITs 在企业所得税、契税和房产

转让税等税种上有优惠政策支持。日本规定 REITs 享有企业所得税、契税和房产转让税优惠，且鼓励长期持有房地产。持有房地产 5 年以下的 REITs，出售后的收益所得税率为 39%，而持有房地产 5 年以上的 REITs，出售后的收益所得税率为 20%。日本 REITs 购买房地产的契税，税率由 5% 下降为 1.7%，房产转让税由 4% 降低为 1.3%，旨在降低 REITs 在初创阶段的税收负担。美国规定 REITs 用于分红的资本利得享有企业所得税优惠，出售物业利得用于分红的部分免税，而不用于分红的部分，持有资产满 1 年，税率降为 15%；否则仍按 21% 的税率征收。此外，在交易环节资产卖方（REITs 为资产买方）需要以资本利得为计税基础，缴纳 4% 的营业税和 21% 的所得税，其中 4% 的营业税和 21% 的所得税可以通过 UPREITs 结构予以递延。中国香港规定，企业出售房地产获得的资本利得需要缴纳 16.5% 的企业所得税，但 REITs 处置资产获得的收入，可以免征企业所得税（如表 4-3 所示）。

持有环节，境外 REITs 应税收入用于分红的部分，对应的企业所得税予以免征或允许税前抵扣。美国和日本企业所得税税率分别为 21% 和 35%，不过 REITs 规则规定，用于分红部分，可以税前抵扣。中国香港 REITs，则需要分情况讨论：若 REITs 直接持有香港物业，则免征 16.5% 的企业所得税；若 REITs 通过 SPV 持有香港物业，仍然面临 16.5% 的企业所得税；若 REITs 持有香港特区以外资产，则免征所得税和房产税（如表 4-3 所示）。

实际上，美国大多数住房租赁 REITs 均从企业转换而来，其主要目的在于享受企业所得税优惠。满足 REITs 资格的住房租赁企业，向投资者分红的应税收入应免于征收企业所得税。当不满足 REITs 资格时，第 5 年才能够重新申请为 REITs。以 AMH 为例，2017 年利润为 7649 万美元，其中至少 90% 的利润应予以分红，因此，1446 万美元的联邦企业所得税可得到减免，约占利润总额的 18.9%。

表 4－3 境外经济体对住房租赁 REITs 的税收优惠政策

REITs 交易环节					
经济体	税种	计税基础	税率	支付方	REITs 优惠
美国	所得税	出售利得	21%	卖方	出售物业利得用于分红收入免税；不分红，资产持有 1 年以上，15%
	营业税	出售利得	4%	卖方	UPREITs 结构，可予以递延
	所得税	出售利得	21%	卖方	UPREITs 结构，可予以递延
日本	转让税	交易价格	4%	买方	优惠税率 1.3%
	契税	交易价格	5%	卖方	优惠税率 1.7%
	所得税	出售利得	持有 5 年以上 20%，5 年以下则 39%	卖方	无
中国香港	所得税	出售利得	16.5%	卖方	免税
REITs 持有环节					
经济体	税种	计税基础	税率	支付方	REITs 优惠
美国	所得税	利润部分	21%	卖方	租金收入用于分红部分免税；项目公司产生收入仍需缴纳相应所得税
日本	所得税	利润部分	20%～40%	卖方	分红计入税前成本
中国香港	所得税	利润部分	16.5%	卖方	SPV 层面利润征税，来自 SPV 的分红免税；香港特区以外取得的收入免税

资料来源：作者根据各国（地区）税法整理得到。

二、境外引导 REITs 支持廉住房发展的配套政策

廉租房和公租房是境外住房体系的主要组成部分，各国政府财力并不足以支撑房层建设，大多引入了私人投资者。针对廉租房和公租房收益率过低问题，美国、中国香港采用两种不同的方式来支持房屋建设，美国针对廉租房出台税收补贴政策，中国香港则是允许商业物业从公租房分拆，募集资金用于公租房建设。

（一）出台税收补贴政策，提升廉租房的收益率

税收补贴是美国廉租房 REITs 取得成功的重要因素。1986 年以前，美国廉租房被视为高风险、低回报的投资项目，基本没有私人资金愿意投资，因此 REITs 并未发展起来。1986 年，美国政府推出低收入税收抵扣证（LIHTC），规定任何公司或 REITs 投资符合规定标准的廉租房将获得税收优惠，在 10 年内每年获得相当于建造成本 4% 或 9% 的税费返还。同时，公司或 REITs 可将税收返还和公共住房未来的现金流交由投资银行证券化，提前回收现金流。据据 Barron's 统计，享受 LIHTC 优惠之后，廉租房 REITs 收益率能够达到 7.5%~8%。

（二）分拆公租房商业物业，并对资产用途、运营做适当限制性规定

虽然中国香港市场并未推出 1 单住房租赁 REITs，但香港特区房委会分拆底层零售购物中心和停车位资产组建的领展 REITs，有力支撑了公租房建设，配套政策措施值得借鉴。一方面，香港特区政府允许从公租房分拆配套的商业物业，并对其运营做限制性规定。房委会通过“限定资产涉及土地的用途”“限制资产出售形式”和“针对特定机构租户减免租金的特殊条款”等配套政策，避免公租房商业及停车场配套设施私有化后偏离服务公租房居民方向。首先，不经资产所属地段其他业主同意和地政总署的批准，领展不能变更资产使用用途，这确保在公共屋村或屋苑内的商业及停车场设施维持原定用途，以满足居民的购物和停车需求。其次，房委会与领展的资产买卖协议对分拆出售的资产组合附加了限制性条款，若领展要出售公共屋村内的某项商场或停车场设施，只允许整体出售，不能将设施拆散出售，而第三者购买该设施后，仍需遵守此规定。最后，房委会在出售物业时，与领展签订特别条款，领展必须划出一定数量的楼面面积①，以优惠价格租给非营利机构作社会服务或教育用途。

---

① 领展 REITs 年报中反映，这部分面积占 8%。

另一方面，允许 REITs 引入“策略伙伴”，并对商业物业进行资产提升。领展实行内部管理，管理人领汇管理有限公司在成立前为房委会全资子公司[①]，其运营模式带有公营性质，缺乏运营管理经验和能力。为此，领展将凯德置地[②]作为“策略伙伴”引入到组织架构之中，为管理人提供管理意见、员工培训以及专业技术支持[③]。同时，允许 REITs 对公租房配套商业物业做资产提升。领展的主要资产来自房委会的公屋、居屋配套，由于香港特区福利房政策实施较早，这些商业物业的年限较长，普遍超过 20 年，整体环境较差。资产提升可以改善交通、光线、洗手间条件，吸引新商户和满足顾客需求。以领展估值最大的乐富广场为例，2008—2013 年资产提升后，2014 年客流量增长 29%，逗留时间延长 10%，平均消费水平提升 10%~14%，总消费金额增长 50%。

三、境外增强住房租赁 REITs 流动性的制度安排

美国、日本 REITs 以公司型为主，中国香港 REITs 以契约型为主，其共同之处在于有较为发达的公开募集资金市场，且上市流通份额有小额、可转让的特点，能够汇集众多投资者资金，为 REITs 扩张奠定了基础。各地区制度如下：日本 REITs 可以采用公募和私募形式，在上市时至少有 4000 份额，1000 个投资者，且仍有一定的分散度要求，排名前十位的大投资者持有份额不得超过 75%；中国香港 REITs 只能采用公募形式，且必须在港交所上市交易，对份额、投资者以及份额结构都没有硬性规定；美国 REITs 市场发展最为成熟，公募上市型、公募非上市型以及私募 REITs

---

① 领展 REITs 采用内部管理架构，成立后，基金托管人收购管理人全部股份，房委会不再拥有管理人股份，且房委会不持有领展 REITs 的任何基金单位。

② 原名为嘉德置地，2005 年 9 月为亚洲最大上市房地产公司之一，具有丰富的房地产基金管理经验，当时管理着包括在新加坡证券交易所有限公司上市的两只房地产投资信托基金在内的总额约 38 亿美元的房地产基金。

③ 策略伙伴不得参与或投资在香港拥有、经营或管理购物商场或停车场的任何公司、集合投资计划或资产管理公司。

均存在（如表4－4所示）。美国公寓运营商在20世纪90年代开始通过REITs融资，三家最大的公寓运营商MMA、AVB和EQR以REITs形式上市，实现了在管公寓数量的高速增长。

表4－4　美国、日本和中国香港REITs上市规则比较

地区	是否上市	上市的份额	投资者个数	投资者份额结构
日本	公募与私募均可	上市时：至少4000	上市时：至少1000	上市时：排名前十位的大投资者持有份额不超过75%
中国香港	必须上市	无	无	无
美国	公募上市型、公募非上市型以及私募	无	上市后第1年：至少100	上市时：5个或更少投资者持有份额不超过50%

资料来源：REITs法律法规、证券交易所网站。

美国REITs的种类有公募上市型、公募非上市型和私募型，这3种REITs的流动性依次递减、投资门槛逐渐提高。从流动性看，公募上市型REITs在交易所上市交易，能够保证流动性，且交易费用较低①。公募非上市型REITs不在交易所交易，赎回程序因公司而异，且有一定限制，投资者一般有两种退出策略：（1）一定时期（通常为10年）REITs清盘时退出；（2）REITs在全国性交易所上市时退出。公募非上市型REITs的交易费用较高，由三部分构成：①经纪佣金等前端费用，一般为投资额的10%～15%；②管理费用和支出；③后端费用，如赎回时收取的申购和赎回费。这些费用一定程度上抑制了REITs交易的活跃性。私募型REITs的股票赎回程序通常具有一定的限制，不利于交易的顺利完成，其交易费用包括成立费用、年度管理费用以及利润提成收入（如表4－5所示）。

从最低投资额看，公募上市型REITs的投资门槛较低，仅需1股便可参与到REITs产品的投资之中；公募非上市型REITs的最低投资额一般为1000～2500美元；私募型REITs的投资门槛相对较高，主要针对诸如大型

① 美国股票交易的手续费，不以“交易金额”的比率计算，而以“交易笔数”为基准，因券商而异。如嘉信投资，每笔手续费为29.95美元。

养老金等机构投资者或高净值人士（投资前 2 年个人收入超过 20 万美元、家庭收入超过 30 万美元或除房产外的资产高达 100 万美元），将大量的小额投资者排除在外，同时最低投资额介于 1000 ~ 25000 美元。

表 4 - 5 美国 REITs 发行方式比较

发行方式	公募上市	公募非上市	私募
总体特征	在 SEC 注册且在交易所交易	在 SEC 注册但不在交易所交易	不在 SEC 注册且不在交易所交易
流动性	股票上市并每日进行场内交易	股票不在公开交易所交易，股票赎回程序因公司而异，并有一定限制	股票不在公开交易所交易，股票赎回程序因公司而异，并有一定限制
董事独立性	要求设立独立董事	要求设立独立董事	没有规定
公司管制	按照《证券交易法》规定	按照北美证券市场管理者协会的规定	没有规定
信息披露要求	要求向公众披露年报和季报等相关信息并报送证监会	要求向证监会披露年报和季报等相关信息	没有规定
表现评价	有独立的业绩评估标准	没有独立的业绩评估标准	没有独立的业绩评估标准

资料来源：Nareit、SEC（美国证券交易委员会，U. S. Securities and Exchange Commission，本书简称“SEC”）。

四、境外提高住房租赁 REITs 投资者积极性的手段

投资者最初对 REITs 的接受度不高，但随着制度建设的不断完善，投资者的需求被逐渐提升。以美国 REITs 市场为例。

第一，监管层允许 REITs 采用内部管理模式，投资者对物业的经营管理话语权和投资回报率大幅提升，参与度上升较快。1986 年以前，REITs 只能采用外部管理模式，外部管理人仍由发行人（变卖物业的房地产商）担任，且存在以过高价格收购物业增加管理费的动机，投资者倾向直接投资房地产而非 REITs。1986 年美国出台《税收改革法案》，逐步放松对 REITs 经营范围的限定，允许采取直接经营和管理资产的经营模式。此后

原有和新设 REITs 大多转型或采用内部管理模式，2000 年底规模占比高达 90%。同时，采用内部管理模式的 REITs 取得了极大成功，Capozza（2000）利用 1988—2000 年数据，发现内部管理模式下，REITs 年化收益率增长 7%。

第二，监管层改变税收条例，引入广泛的投资者。一方面，美国国会在 1994 年 1 月，修改了税收条例中“五个或更少”法案，使得众多免税投资者可以享受税收优惠。1994 年以后，税法规定可以穿透计算养老金投资者人数，豁免了“前 5 名投资者合计持股不得超过 50%”的集中度要求。该法案的修改，使机构投资者持有的 REITs 份额从 1993 年以前的 15%~20%，上涨至 1994 年的 45%。另一方面，美国财政部在 1997 年更新了现代税法协议，准许持有公募 REITs 5% 或更低份额的海外机构投资者或持股低于 10% 的海外个人投资者对普通股利支付 15% 的预提税。这一举措加快了海外投资者进入美国 REITs 市场的速度，据 Real Capital Analytics[①] 统计，目前海外投资者持仓金额占比约为 16%。

五、小结

住房租赁 REITs 市场的培育、发展离不开相关制度的支持。境外市场主要有以下三类支持政策。

首先，通过各种税收优惠政策，达到降低 REITs 发行人的成本、提升公租房的资本化率等目标，有效提升 REITs 产品对发行人和投资者的吸引力。从发行人角度看，境外市场秉持税收中性原则，对 REITs 出台税收优惠政策，降低了发行人进入 REITs 市场的成本。交易环节，REITs 在企业所得税、契税和房产转让税等税种上给予优惠政策。持有环节，应税收入用于分红部分，免征企业所得税或允许税前抵扣。从投资者角度看，通过税收补贴政策有效提升了公租房的收益率。1986 年美国出台 LIHTC 税收

① Real Capital Analytics，是商业地产市场重要的投资者，目前记录了超过 18 万亿美元的交易。

补贴政策，规定任何公司或 REITs 投资符合规定租金标准[①]的廉租房都将获得税收优惠政策，在 10 年内每年获得相当于建造成本 4% 或 9% 的税费返还。此外，香港特区政府从公租房分拆配套商业物业和停车场资产以组建领展 REITs，并对资产用途、运营做适当性限制，既未偏离服务低收入群体的目标，也有力地支持了公租房建设。

其次，为降低融资难度，境外市场允许或要求 REITs 公开募集资金，并在证券交易所上市交易。境外 REITs 产品有公募上市型、公募非上市型和私募型三类，流动性依次减弱、投资门槛逐渐提高、交易费用不断上升。总体来说，公募上市型 REITs 在境外市场占据主流地位，其份额可以流通转让，能够汇集众多投资基金，为 REITs 扩张奠定了基础。

最后，为提高投资者对 REITs 的接受度，境外市场不断完善投资者制度建设，吸引个人和养老金进入 REITs 市场。以美国市场为例，一方面，1986 年 REITs 从外部管理模式转型为内部管理模式，增加了投资者对物业运营管理的话语权和提高了投资回报率，投资者积极性大幅度提升。另一方面，1994 年美国修改税收条例，允许穿透计算养老金投资者人数，豁免“前 5 名投资者合计持股不得超过 50%”的集中度要求，大幅提高了养老金进入 REITs 市场的吸引力。

第四节　境外产品设计与运行特征

境外不同的住房租赁 REITs 市场具有较大差异，本节详细梳理了 REITs 的产品设计、类型以及运行特点，拟为我国境内住房租赁 REITs 产品设计提供相关思路。其中，产品设计主要研究 REITs 产品的不同组织架构和募集形式，产品类型依据底层资产的类型和集中程度来划分，产品运行

① 至少 20% 的住房单元提供给不高于当地中等水平 50% 的家庭或者至少 40% 的单元提供给低于当地中等收入水平 60% 的家庭。同时这部分租赁住房租金不得高于租户家庭收入的 30%，出租年限至少为 30 年。

特征则从杠杆率水平和资产管理人管理方式等角度来考察。

一、境外住房租赁 REITs 的产品结构

境外住房租赁 REITs 的产品结构各有特色，美国和日本 REITs 以公司型为主，中国香港以契约型为主。其中，美国 REITs 为避税和协调控制权，产生了伞形合伙房地产投资信托（UPREITs）和 DOWNREITs 两种特色结构，当前 UPREITs 占据主流地位。

中国香港 REITs 必须采用契约型结构，为基金管理公司、基金托管机构和投资者三方之间的信托契约（如图 4－16 所示），其本质是委托投资行为。设立过程和交易结构为：（1）设立 REITs 载体，向投资者发行 REITs 份额、募集资金，向不动产持有人购买不动产。（2）REITs 委托托管人持有不动产，委托基金管理人对不动产进行运营管理。为提高专业化管理效率，通常一家管理公司只允许管理一只 REITs 产品，且多为定向设立，托管人和管理人按比例收取托管费和管理费。

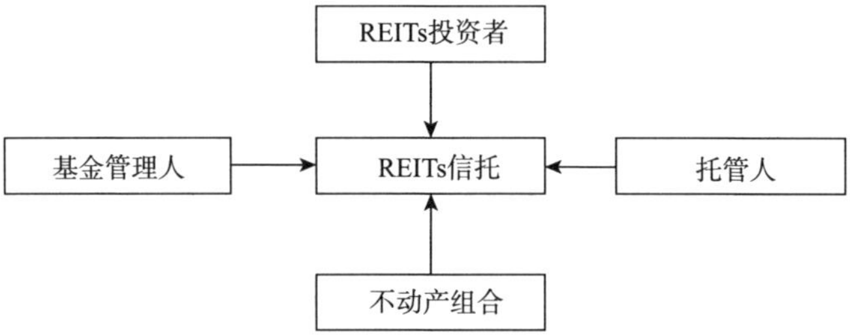

图 4－16　中国香港 REITs 结构

资料来源：作者根据港交所网站整理。

美国和日本 REITs 采用公司结构，主动管理能力较强。1986 年美国出台《税收改革法案》，允许 REITs 直接经营不动产、不必交由第三方管理，大大放松了原法案对 REITs 业务的监管限制。REITs 公司化特征明显，对不动产的运营范围较广，包括：物业收购和出售、管理和出租、装修、开发和重建。至此，REITs 从房地产企业的融资载体一跃成为不动产运营管

理公司，进入主动管理的快车道。REITs 通过董事会和管理层运营管理旗下不动产，专业化程度和运营效率更高（如图 4－17 所示）。投资者可以在二级市场上交易 REITs 股权回笼本金，通过资本利得和分红派息获取收益。公司型 REITs 更像是通过遵守 REITs 相关法律，在其限制范围内自主开发运营、享有税收优惠的上市不动产开发运营公司。

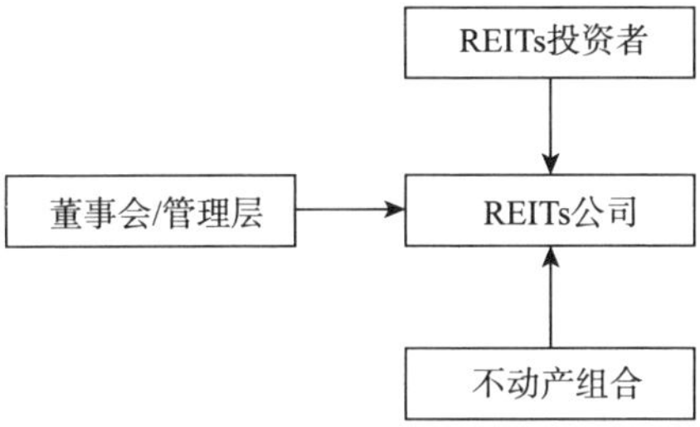

图 4－17 美国 REITs 结构

资料来源：作者根据美国房地产投资信托协会网站数据整理得到。

为实现递延纳税、扩大 REITs 规模，1992 年 Taubman[①] 在公司型 REITs 结构基础上使用了伞形合伙房地产投资信托，即 UPREITs。UPREITs 采用公司载体，通过合伙企业（Operating Partnership，以下简称“OP 企业”）持有不动产，其中 REITs 作为普通合伙人持有 OP 企业的普通权益份额，而不动产持有人作为有限合伙人持有有限 OP 企业份额。具体设立过程和交易结构如下：首先，不动产持有人以不动产出资的方式设立 OP 企业，按不动产价值持有 OP 企业有限份额，出资过程不属于转让，无须缴纳税收。同时设立 REITs 公司，以较少资金出资 OP 企业，持有 OP 企业普通份额。其次，不动产持有人可按融资规模，部分或全部转让其持有的 OP 企业份额或换成 REITs 份额，通过二级市场出售以募集资金，此时需要缴纳资本利得税。经营型合伙企业的 OP 企业份额是不需要股利分红的，合伙企业持有人可以利用 OP 企业份额的留存收益，购买其他资产以扩大 REITs 规模。最后，新增不动产时，寻找新的不动产持有人作为新增有限

① Taubman 是专注于地区、跨地区商场建设和运营的公司，1992 年采用了 UPREITs 结构。

合伙人，以物业价值增发 OP 企业份额，规模效应明显，同时也可以通过增加物业组合的多元化以分散风险（如图 4－18 所示）。UPREITs 结构中，REITs 公司承担不动产组合的运营管理，而不动产持有人提供物业组合，充分利用专业管理和物业提供的双层优势。

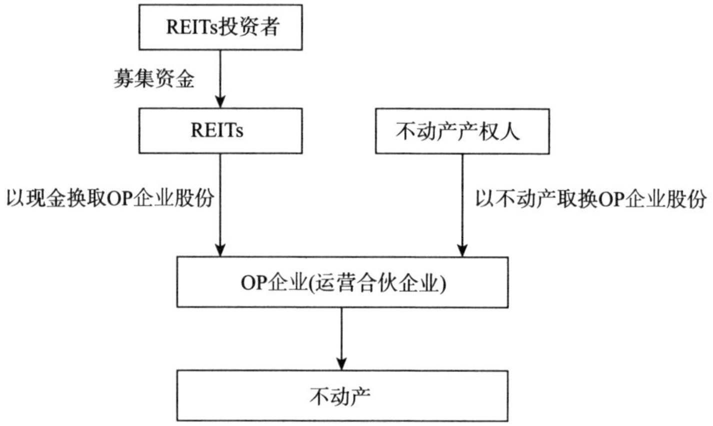

图 4－18　美国 UPREITs 结构

资料来源：作者根据美国房地产投资信托协会网站数据整理得到。

为优化解决 UPREITs 中不动产持有人与 REITs 之间的控制权问题，1994 年美国推出了 DOWNREITs。DOWNREITs 是相对 UPREITs 的一种公司型 REITs 结构变体，与新增不动产持有人设立多个 OP 企业以持有不同不动产。该模式下，不动产的运营下移至各个 OP 企业，而不是集中在 REITs 层面，REITs 实际控制相对松散（如图 4－19 所示）。该模式可以解决 UPREITs 结构下 REITs 与有限合伙人之间的控制权矛盾，增加了经营的灵活性，但也产生了 OP 企业各自为政，无法集中发展的问题。同时，DOWNREITs 发行 OP 企业份额购置物业，需要专业的税收和投资指导。如果没有认真规划交易，美国国税局可能应用伪销售和反滥用规则，将该笔交易认定为应税交易。但是，不动产持有人的主要目的在于获取税收递延收益，因而 DOWNREITs 在市场上并未发展起来。

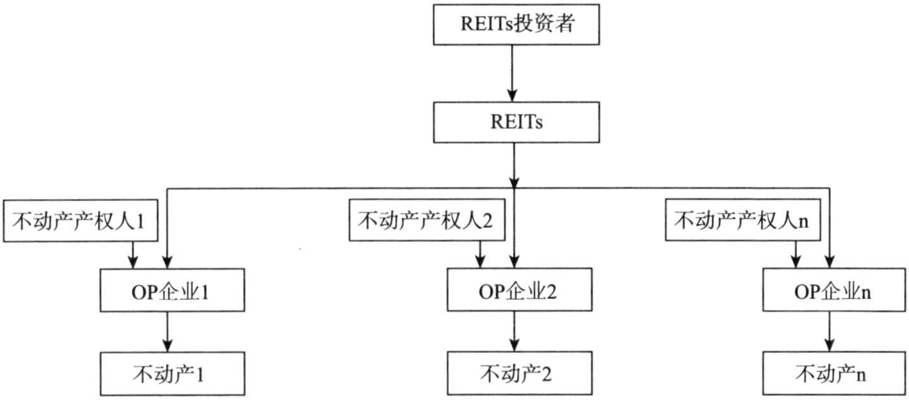

图 4-19 美国 DOWNREITs 结构

资料来源：作者根据美国房地产投资信托协会网站数据整理得到。

二、境外住房租赁 REITs 的发行方式

REITs 的发行方式有公募和私募①两种形式，境外 REITs 市场对募集形式均作了不同规定。中国香港 REITs 必须在港交所挂牌上市、公开交易，美国和日本对募集形式并未做出强制性规定，可自由采用公募或私募形式发行 REITs。截至 2018 年底，美国 REITs 市场公募 REITs 多、私募 REITs 少，两者数量分别为 263 只和 15 只。日本私募 REITs 与公募 REITs 并存，两者规模相当，且私募特色明显，与我国境内当前私募 REITs 具有较高相似度。因此本节重点介绍日本私募 REITs，公募 REITs 不再赘述。

（一）日本私募 REITs 规模较大，与公募 REITs 旗鼓相当

日本 REITs 起源于私募市场，虽然公募 REITs 成为后起之秀，但私募 REITs 仍占据较大市场份额。1998 年《关于由特别目的公司实现特定资产

---

① 公募 REITs 是指以公开发行的方式向社会公众投资者募集信托资金，发行时需要经过监管机构严格审批。私募 REITs 则以非公开方式向特定投资者募集资金，募集对象特定，不允许公开宣传，一般不上市交易。

流动化的法律》颁布，日本私募 REITs 正式启动。2000 年《关于投资信托以及投资法人的法律》颁布，日本公募 REITs 拉开序幕。2001 年不动产投资信托基金（J－REIT）在东京证券交易所正式上市。虽然 J－REIT 发展速度较快，但私募 REITs 依然具有相当大的份额和影响力。截至 2018 年底，私募和公募 REITs 规模分别为 1295 亿美元和 1166 亿美元，两者旗鼓相当，且私募 REITs 特色明显，其典型代表为 TMK[①] 和 GK－TK[②]。考虑到我国境内私募 REITs 产品与 TMK 模式高度相似，与 GK－TK 并不相似，因此本书主要分析 TMK 为代表的私募 REITs。TMK 是基于特定资产的证券化，主要解决了资产的流动性问题。而公募 REITs 更多地体现了管理人的资产运用能力，即资产组合地买卖与价值提升。因此，两种证券化模式也被称为“资产流动型证券化”和“资产运用型证券化”。此外，特殊目的公司（Special Purpose Company，以下简称“SPC”）的角色也不相同，TMK 模式中是 SPC，而公募 REITs 中则是投资法人。

公募 REITs 与 TMK 法律依据并不相同，但公募 REITs 的公开性和流动性更好。其一，两者最明显的差异是法律依据不同，一个是投资法人法，一个是资产流动法。其二，两者在资产端上的差异不大，都是实物不动产或者不动产信托受益权。其三，融资端主要有权益和债务两种方式，债务融资并没有本质差异，但公募 REITs 权益级融资能够在交易所公开交易。

（二）日本私募 REITs 资金来源多元化，资产处置能力较强

TMK 作为特殊目的公司，是专门用于承接不动产证券化的法律实体，可以受让不动产及不动产信托受益权。本书以不动产信托受益权为例，对 TMK 模式进行分析。不动产的原始权益人将资产委托给信托银行，获得信

① TMK 是“特殊目的公司（Tokutei Mokuteki Kaisha）”的简写，旨在实现特定资产证券化功能的载体。

② GK－TK 是“合同会社—匿名组合（Godo Kaisha－Tokumei Kumiai）”的简写，与 TMK 法律结构有差异，证券化的流动性不及 TMK，但灵活性更好。

托受益权，TMK 通过发行特定社债和优先出资证券①进行融资，向原始权益人支付交易对价、取得信托受益权。信托银行委托专业的不动产管理公司来管理物业，并向租户收取租金作为信托收益分配给 TMK，而 TMK 则将对应的租金收益、出售价款分配给 TMK 的债权或股权投资人（如图 4－20 所示）。

TMK 模式中信托银行与我国境内私募 REITs 中券商相比，其合规和资产处置能力更强。一方面，信托银行对受托资产的合规性和相应权利关系的尽职调查更熟悉和详细；另一方面，信托银行和房产中介机构长期合作，其资产处置能力更强。

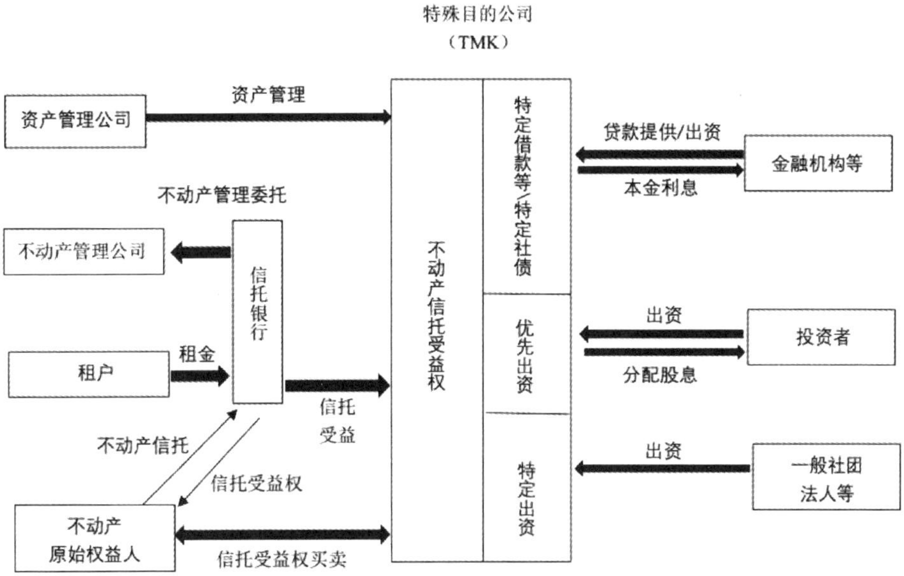

图 4－20 TMK 模式架构

资料来源：《图解日本不动产证券化与 J－REIT》，东洋经济出版社。

---

① TMK 可以直接从银行申请特定借款，但更多将发行"特定社债"作为债务融资的主要方式。特定社债是基于特定资产发行的债券产品，在日本金融商品分类中属于第一项有价证券范畴，其功能与"无追索型银行贷款"（基于资产的贷款，不追索至主体）类似，但作为有价证券主要遵从"金融商品交易法"。TMK 除发行特定社债进行债务融资外，也发行权益级的证券进行融资，比较典型的是"优先出资证券"，属于金融商品中的第一项有价证券。除此之外，也会安排一些特定出资，功能上类似于劣后级的权益出资，但不属于有价证券。

（三）日本私募 REITs 税费成本较低

TMK 模式下，原始权益人将不动产委托给信托银行形成信托受益权，再将信托受益权转让给 TMK。虽然不动产所有权并未发生转移，但所有者权利因信托受益权的流转，从原始权益人转移到 TMK，即 TMK 能够委托信托银行对不动产进行管理和处置。不动产信托与直接转让不动产具有同等效果，但交易成本更低，流通环节的所得税、转让税等税收能够减免（如图 4－21 所示）。与之相比，我国境内私募 REITs 模式中，私募基金受让了目标资产的股权，不动产的所有权发生转移。该过程会涉及所得税和土地增值税，税收负担较重，因而国内私募 REITs 发展困难。

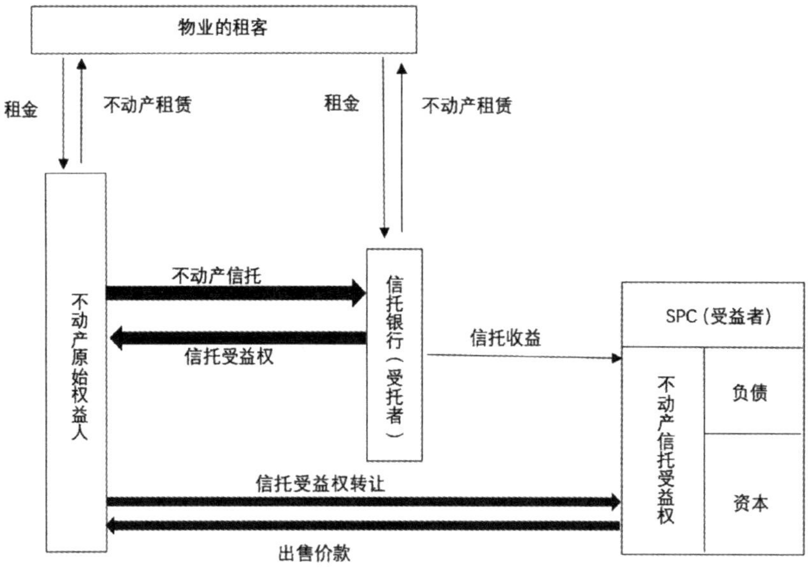

图 4－21　日本不动产信托受益权的形成与转移

资料来源：《图解日本不动产证券化与 J－REIT》，东洋经济出版社。

三、境外住房租赁 REITs 的类型划分

依据租赁住房的市场化程度，可将住房租赁 REITs 划分为市场化租房

和廉租房 REITs；依据住房分布集中度，可划分为集中式和分散式 REITs。当前境外市场以市场化租房和集中式 REITs 为主，廉租房和分散式 REITs 占比较低。截至 2018 年底，美国市场化租房和廉租房 REITs 分别为 29 只和 2 只，集中式和分散式 REITs 分别为 27 只和 4 只。廉租房和分散式 REITs 与传统 REITs 相比特色明显，因此本节重点介绍。

（一）廉租房 REITs 享受税收补贴、拥有稳定的资金来源以及实力雄厚的交易对手方

第一，廉租房 REITs 享受税收补贴，收益率小幅提升，具有一定吸引力。1986 年美国政府推出 LIHTC 政策，据 Barron's 统计，廉租房 REITs 享受 LIHTC 政策后，其收益率能够达到 7.5%～8.0%。由于廉租房投资风险小，收益相对稳定，因此吸引了许多对资金安全性要求较高的投资者。这项政策消除了投资者对于开发和投资廉租房利润低的顾虑，大大激发了 REITs 投资于廉租房建设的积极性。1986—1995 年，美国共有 80 万套符合建设标准的中低档住房投放市场，其中很大部分是 REITs 开发的项目。当时，美国并没有纯粹投资于廉租房的上市 REITs，但不少上市 REITs 仍持有一定比例的廉租房，以应对市场周期冲击和保持现金流稳定，其中最具代表性的是美国 AIMCO。2004 年 AIMCO 旗下近 5 万套廉租公寓，贡献了公司净收入的 14.9%、经营利润的 18.3% 和净营运现金流的 22.3%。

廉租房政策预期的不稳定、市场化租赁住房收益率上涨，导致上市 REITs 逐步退出廉租房的投资。2005 年布什政府开始新一轮联邦税改，一直有消息称可能会取消 LIHTC 政策，且市场化租赁住房租金上涨，与廉租房租金差距增大，多数 REITs 逐步减少在廉租房领域的投资。但 AVB、AIMCO、NXRT 和 SUI 等 REITs 仍保留了不少廉租房。截至 2020 年，AVB 以开发高端公寓为主，部分资产在布局廉租房，如 AVB 曾与非营利性组织合作，在西好莱坞开发 377 套房屋，其中 300 套（租金 3000 美元/月）是市场化租赁住房，77 套（租金 1000 美元/月）是廉租房。

第二，廉租房 REITs 均为私募发行，通常与政府或非营利组织合作。

美国仅有 2 只纯粹投资于廉租房的 REITs，均为私募发行，分别为 CDT 和 HPET。CDT 作为廉租房的国家投资者，与区域和全国性机构合作，进行长期股权投资，并发起和购买长期抵押贷款，投资金额在两者之间平均分配。CDT 投资保障住房抵押贷款，即先从社区银行收购小额保障住房抵押贷款[①]，再进行分销。通常机构投资者认购优先级份额（约 90%），而 CDT 保留次级份额（约 10%）以提升廉租房收益率。另外，CDT 与在收购、运营廉租房领域经验丰富、市场资源丰富的机构合作，共同进行廉租房的股权投资，主要收购享受 LIHTC 政策和住房援助付款（HAP）政策[②]即将到期的廉租房，规模大多在 100 万～1000 万美元。截至 2020 年，CDT 在廉租房上累计投资 16 亿美元，拥有 12 多亿美元资产，从起步 35 个房间扩大到近 45000 个房间，已向投资者支付约 5700 万美元红利。

为了快速融资并提供廉租房，住房合作伙伴网络（HPN）中 12 家非营利组织在 2013 年成立了 HPET，其中 1 亿美元来自各类投资公司、基金会和非营利廉租房供应商。HPET 主要收购靠近工作中心、商场、高档社区中较旧住房，为中低收入家庭（中位收入 50%～80%）提供廉租房；且有经验丰富的管理团队充分了解个人需求，并制定出相应的投资策略，这种模式取得了较大成功。截至 2020 年，HPET 已经筹集了 8500 万美元，投资近 2800 套、约 2.59 亿美元的廉租房，已拥有 12000 套、价值超 10 亿美元的房屋。

第三，廉租房 REITs 拥有相对稳定的资金来源和经验丰富的交易对手，运营较为稳定。廉租房 REITs 与资金实力雄厚的机构合作，管理团队经验丰富，具有较强的发展和风险抵抗能力。一方面，CDT 资金合作方为企业社区贷款基金、纽约收购基金、社区保护公司、纽约住房保护和发展

① 小额保障住房抵押贷款包括个人住房按揭贷款和企业抵押贷款，每笔贷款规模在 300 万美元以下。

② 1974 年尼克松的住房政策改革推出了《住房和社区发展法》，鼓励低收入人群在私人住房市场获得可负担的住房。其中，第八条制定了一种基于项目对开发商和私人业主的补贴，类似目前国内开发商代建保障房模式。低收入家庭只需向私人业主支付家庭收入 25% 或者 30% 作为房租，政府会在合同期（通常 20～25 年）为私营业主提供租房补贴，以弥补低收入家庭合理的租房支出与市场租金之间差额。

部、纽约雇员退休系统和抵押贷款机构；股东为美林银行、花旗银行、富国银行、摩根士丹利、汇丰银行以及房利美等 24 家资金实力雄厚的银行、信托和券商等机构投资者，资金来源稳定。HPET 也与资金实力雄厚的投资者，如保诚金融、花旗集团、摩根士丹利以及福特基金会紧密合作。另一方面，CDT 董事会由全国保障住房、住宅、金融和社区发展领域的专家组成，团队管理经验丰富。且合作伙伴摩根士丹利与社区发展信托合作，能够为 CDT 提供资金和专业知识，深入支持 CDT 发展。

廉租房 REITs 的合作伙伴深耕住房租赁市场，交易机制灵活。HEPT 的 12 名非营利组织成员（目前增至 14 名）可以作为重要的交易对手方，他们共拥有 38 个州、72000 套住房，估值超 60 亿美元。同时，HPET 旨在成为一个快速、灵活和可靠的投资平台，直接与寻求“获取、重新定位和飙升租金”的营利性房屋市场买家竞争。

（二）分散式 REITs 房源渠道市场化程度不高、资本化率高，但运营效率低

美国住房租赁 REITs 底层资产初期均为集中式公寓和移动房屋，后期以集中式公寓为主，独栋房屋为辅。2007 年前，独栋房屋区域分布分散、标准化程度不高、运营成本高企，整体回报率不佳，鲜有 REITs 进入该市场，大多采用“Mom and Pop”模式（家庭或小型投资者主导独栋房屋租赁市场）。2007 年金融危机后，超过 400 万户美国家庭无力偿还贷款、丧失房屋赎回权，释放了大量房源和独户租赁需求，为机构投资者低价收购止赎房屋提供了条件。截至 2018 年底，REITs 持有 14.53 万套独栋式房屋，占住房租赁 REITs 市场的比重约为 18.11%，占全市场 1600 万套独栋式租赁房屋的比重仅为 0.91%。

与公寓 REITs 相比，独户 REITs 房源获取渠道市场化程度低，但资本化率较高。公寓 REITs 房源大多为自行开发或市场收购，独户 REITs 多通过 MLS 销售（多重上市服务系统）、金融机构止赎房屋拍卖，或从其他独户运营公司、私人投资者和其他金融机构收购，还可以通过美国房屋与城

市管理局（HUD）、房地美、房利美、联邦住房金融机构（FHFA）实施的 REO 项目（Real Estate Own Program，不动产持有项目）取得。2012 年拍卖与 REO 项目渠道占比约为 88%，随着止赎房屋数量的减少，2016 年非市场化渠道占比下降至 57%（如图 4－22 所示）。

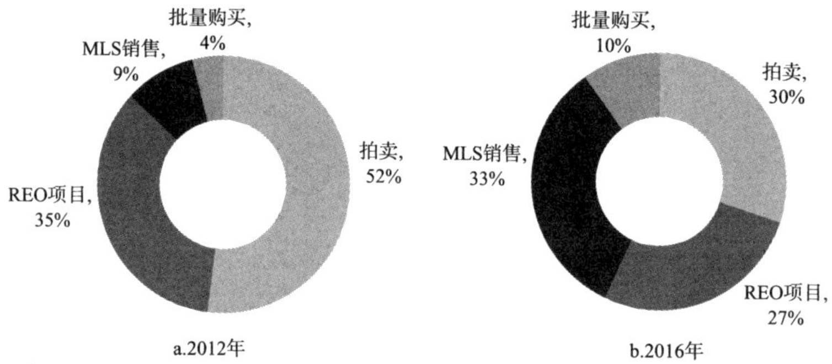

图 4－22　2012 年和 2016 年独户运营公司房源渠道

数据来源：Green Street 咨询公司。

另外，独栋房屋的收益率高于公寓。金融危机以后，独栋房屋和公寓的价格不断上涨，截至 2013 年底，公寓价格已经达到金融危机前的高点，而独栋房屋价值仅为历史峰值的 75%，未来仍有上涨空间。截至 2016 年底，独栋房屋的资本化率平均为 6%～7%，高于公寓约 80～150BP（如图 4－23 所示）。

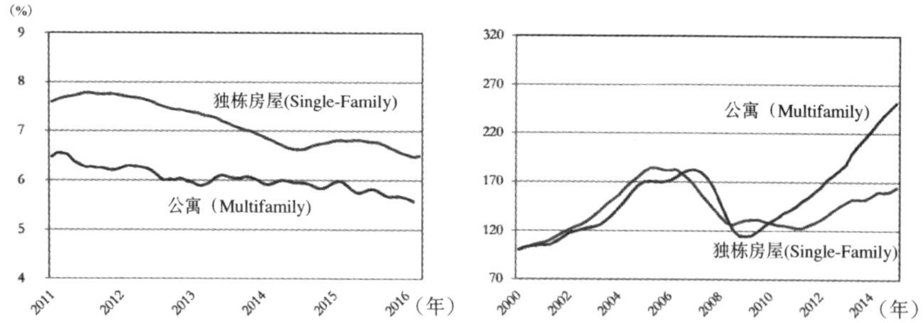

图 4－23　独户和公寓资本化率和价格①

数据来源：Green Street 咨询公司。

---

① 注：此处价格为价格指数，基期为 2000 年。

不过与公寓相比，独栋房屋的运营效率不佳。独栋房屋区域分布较为分散、建成年限长以及标准化程度低，运营、管理成本以及折旧费用明显高于公寓，利润率较低。以 AVB 和 AMH 为例。2017 年，AMH（独栋 REITs）的运营费用、折旧费用和管理费用占运营成本的比重分别为 37%、31%和 11%，高于 AVB（公寓 REITs）的 20%、24%和 2%。AVB 的运营利润率高达 35%，明显高于 AMH 的 8%。

四、境外住房租赁 REITs 的杠杆水平

从境外经验看，REITs 应保持适当的资产负债率，过低将难以利用外部资金获取快速发展的机会，过高则容易产生风险。本书计算了美国、日本和中国香港 2000—2018 年资产负债率和收益率之间的相关系数，同时将样本分为金融危机时期（2007—2008 年）和非金融危机时期（2000—2006 年，2009—2018 年），计算结果见表 4－6。总体上看美国、日本和中国香港 REITs 的杠杆率与收益率正相关，金融危机期间，杠杆率与收益率表现显著为负。这表明 REITs 收益率能够随着资产负债率的上升而提高。金融危机期间，资产负债率越高，REITs 收益率下降更为显著。可见杠杆是一把双刃剑，在享受收益率快速上涨的同时，也要谨防收益率急速下跌风险。

表 4－6　美国、日本和中国香港资产负债率与收益率相关系数

时间＼地区	全样本	美国	日本	中国香港
2000—2018 年	0.0651	0.0707	0.0306	－0.0965
金融危机时期	－0.2158	－0.2731	－0.0460	－0.4394
余下时期	0.0903	0.0931	0.1008	0.1035

数据来源：作者根据彭博数据整理得到。

高杠杆放大风险的主要原因有三点：一是负债率高，REITs 管理人资金充裕，扩大资产规模所受限制少，存在过度建设风险；二是利息费用占营运收入的比重较高，如金融危机发生时美国 REITs 该比例近 35%，利率上升会增加 REITs 的财务负担，摊薄租金收入，经济下行时更为严重；三是经济形

势不景气时，高负债 REITs 现金流趋紧，面临较大的偿债压力，而底层资产的变现能力较弱，容易产生流动性风险。因此，各国及各地区对资产负债率均有所限制，中国香港、新加坡和中国台湾分别规定资产负债率不得超过资产总值的 45%、45% 和 35%；美国对资产负债率并无限制，但实践中不超过 50%；日本并无明确规定，但 REITs 仅能向合格机构投资者借贷（如表 4－7 所示）。

表 4－7　境外市场对杠杆率的要求

监管要求	美国	中国香港	新加坡	日本	中国台湾
杠杆率	无限制，市场数据显示一般不超过 50%	不超过资产总值的 45%	存款资产的 45%	无，仅可以向合格的机构投资者借贷	小于 35%

资料来源：作者根据各国或地区 REITs 法律法规整理得到。

实践中，美国和日本住房租赁 REITs 资产负债率总体较为稳定。金融危机前，美国住房租赁 REITs 杠杆率不断上升，截至 2008 年底，已经高达 63%。金融危机期间，住房租赁 REITs 遭受较大冲击，此后杠杆率不断下降，截至 2019 年底，下降 23 个百分点至 40%。近年来日本楼市较为稳定，住房租赁 REITs 的资产负债率在 50% 附近小幅波动（如图 4－24 所示）。可见，虽然美、日市场并未限制 REITs 的杠杆率，但受限于实际运营状态，加杠杆行为仍有所限制。

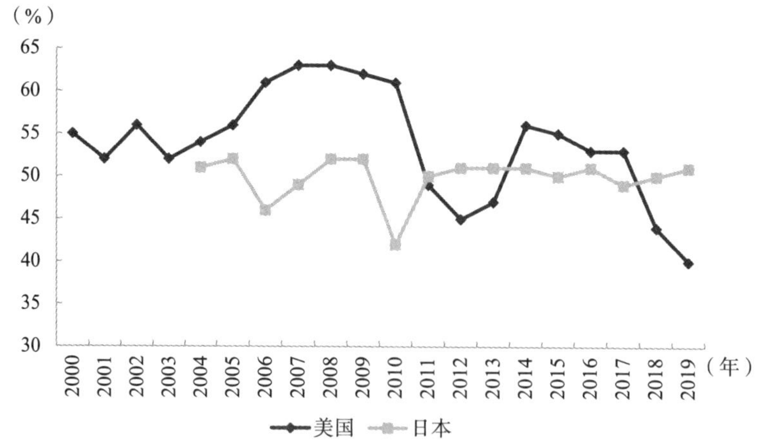

图 4－24　2000—2017 年美国和日本住房租赁 REITs 资产负债率

注：作者根据彭博数据整理得到。

五、境外住房租赁 REITs 的管理模式

外部管理和内部管理模式[①]各有特色、并无优劣之分，均能有效提升资产管理能力，且在境外市场都取得了成功。采用何种模式，取决于不同市场与制度环境，无论哪种模式均可能成为特定时期和特定市场的最佳实践。

（一）内部和外部管理各有特色，关键在于提升资产管理能力

美国 REITs 大多为公司型，并采取内部管理模式，由公司董事会聘任内部管理团队进行资产管理；日本 REITs 的发展借鉴了美国经验，大部分以公司形式存在，但与美国市场不同的是，采用了外部管理模式；中国香港 REITs 均为契约型，形式上为外部管理模式，实质上为内部管理模式。以领展 REITs 为例，根据契约关系，领展资产管理有限公司是领展 REITs 的管理人。同时，领展 REITs 作为一个投资信托，投资并持有领展资产管理公司 100% 的股权。在此架构下，领展 REITs 事实上采用的是内部管理模式。

两种模式没有严格意义的孰优孰劣。一方面，外部管理代理链条过长，利益冲突较大。内部管理模式代理链条为：持有人→REITs →管理团队；而外部管理模式代理链条为：持有人→REITs →管理人（机构）→管理团队（如图 4 - 25 和 4 - 26 所示）。相比内部管理模式，采用外部管理模式的 REITs 具有更长的代理链条，持有人和管理人的委托代理关系更复杂。运行过程中，利益冲突和信息不对称引发的道德风险可能更严重。另一方面，外部管理人规模大，市场影响力强。与内部管理模式相比，外部

---

① 外部管理模式是指，REITs 由外聘的管理人执行所有的管理职责，包括资产运营、投融资和物业管理等。作为资产管理的回报，外部管理人收取管理费，即固定比例的基本费用，以及基于净收入或净资产的绩效费用。内部管理模式是指，REITs 本身拥有不动产资产和资产管理人，内部管理部门或管理公司执行所有管理职责。

管理人规模更大，不仅能够有效提供资源、人才和较大市场影响力，还能根据市场形势变化在大平台上快速交易底层资产。对于新成立或较小规模的 REITs，打造合适、专业的内部管理团队较为困难，采用外部管理模式更为合理。

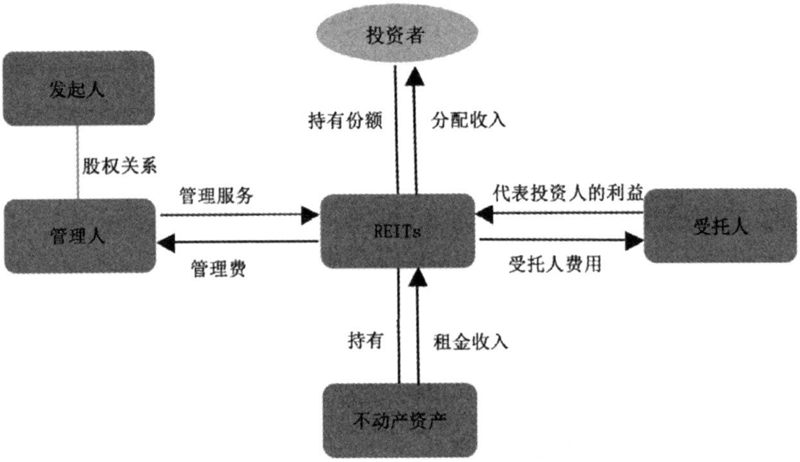

图 4－25 外部管理模式

资料来源：中国公募 REITs 管理模式研究。

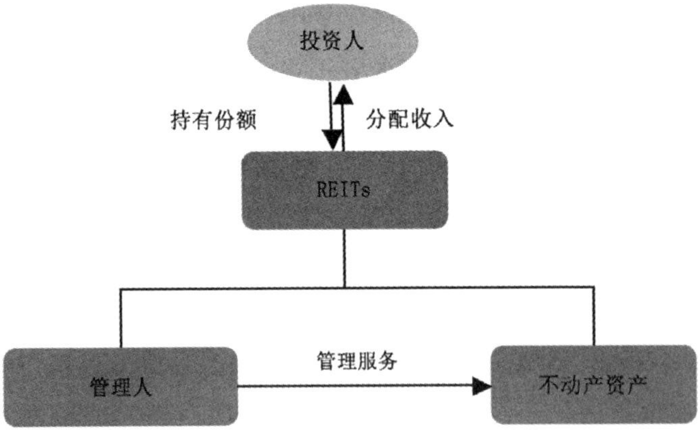

图 4－26 内部管理模式

资料来源：中国公募 REITs 管理模式研究。

境外 REITs 市场管理人致力于提升管理能力。REITs 管理包括资产管理和不动产管理：资产管理为不动产投资、并购、扩募与债务融资等投融资决策；不动产管理为不动产项目的改造、出租、运营和管理。管理人需要在物业投资组合管理、资本结构优化、物业改造提升、租赁运营及物业管理等领域体现专业水平来增强 REITs 的内生增长动力。在 REITs 的发展历程中，实践证明 REITs 应是主动管理的产品，基于管理业绩的业绩分成模式被纳入外部管理激励机制中。与此同时，内外部管理的治理机制也在不断完善，境外市场 REITs 均采用更严格的内部控制制度、更详细的信息披露制度以及引入独立董事等制度，使投资者和管理人之间的利益冲突问题得到有效缓解。

（二）管理模式随市场的发展而不断改变

美国 REITs 管理模式随着市场的发展而改变，主流产品均从外部管理转为内部管理。发展初期，法令要求 REITs 必须通过第三方管理资产，即由投资顾问负责投融资安排及日常经营管理。投资顾问为了实现更多收入，通过加杠杆行为实现规模的快速增长，与投资者利益诉求并不吻合。这种无序扩张导致了 20 世纪 70 年代美国 REITs 市场断崖式下跌，为此 1986 年美国进行税法改革，允许 REITs 直接经营和管理资产。1988 年开始，原有外部管理 REITs 逐渐向内部管理转型，新上市 REITs 大多采用内部管理模式。截至目前，美国 REITs 以内部管理为主要模式，市值占比高达 97%。

六、小结

境外住房租赁 REITs 产品设计、类型与运行特征各不相同，其经验值得学习借鉴。

首先，产品设计各具特色。一方面，产品结构差异性较大，美国、日本以公司型为主，中国香港以契约型为主。为实现递延纳税、扩大 REITs

规模，美国在公司型 REITs 的基础上开发了 UPREITs。另一方面，公募和私募 REITs 并存，日本私募 REITs 特色明显，尤其是 TMK 模式与我国境内私募 REITs 结构相似，资产端可以承接不动产信托受益权，该过程不动产所有权并没有转移，税务摩擦较小。

其次，从底层资产的类型和分布来看，REITs 产品类型丰富。目前住房租赁市场中，市场化和集中式 REITs 占据主流地位，廉租房、分散式 REITs 仍有一定需求。美国上市型住房租赁 REITs 持有一定比例的廉租房，纯粹投资于廉租房的 REITs 仅有 2 只，且均为私募发行。廉租房 REITs 的发展得益于 LIHTC 税收补贴政策、相对稳定的资金来源以及经验丰富的交易对手。此外，2007 年金融危机后，超过 400 万户美国家庭无力偿还贷款、丧失房屋赎回权，释放了大量房源和独户租赁需求，独户 REITs 产生。相比于集中式 REITs，分散式 REITs 房源获取渠道的市场化程度不高、收购成本低、资本化率高，但运营效率低下。

最后，产品运行特征各有差异。一方面，REITs 需维持合适的杠杆率，过低将难以利用外部资金获取快速发展机会，过高则容易产生风险。中国香港规定资产负债率不得超过资产总值的 45%；美国和日本对资产负债率并无限制，但实践中加杠杆行为仍有所限制，整体资产负债率约为 50%。另一方面，内部管理和外部管理模式各有优劣，境外市场 REITs 采用何种模式，取决于不同市场与制度环境，任何一种模式均可能成为特定时期和特定市场的最佳实践。

第五节　我国境内住房租赁私募 REITs 市场发展概况

截至 2020 年 6 月，我国境内还未推出与国际主流 REITs 产品完全相同的产品，只推出了相似的私募 REITs 产品。2014 年，我国境内首单私募 REITs 产品“中信启航专项资产管理计划”在深交所挂牌上市，截至 2020 年 6 月，全市场共发行 77 只、1536 亿元的私募 REITs 产品。为摸清住房租赁 REITs 产品在我国是否具有发展空间、发展还需解决哪些难题，本书从住房租赁私募 REITs 产品的发展现状、目前我国境内的市场环境、制度环境和具体产品设计四个方面进行分析。

一、我国境内住房租赁私募 REITs 市场发展现状

我国境内住房租赁私募 REITs 产品与机构化住房租赁市场一样，是一个新兴市场，从 2017 年开始发行，发行集中在 2018 年。2017 年我国境内市场共发行 15 单私募 REITs，其中住房租赁私募 REITs 1 单。2018 年 4 月证监会、住建部联合印发《关于推进住房租赁资产证券化相关工作的通知》，明确重点支持住房租赁企业发行以其持有不动产物业作为底层资产的权益类资产证券化产品，试点发行 REITs，2018 年我国境内市场共发行 15 单私募 REITs，其中住房租赁 REITs 为 8 单，发行数量取得了较大幅度增长。截至 2020 年 6 月，住房租赁私募 REITs 产品共发行 15 只，金额为 178. 4 亿元，市场主要特征如下：

（一）产品权益属性不断增强，但仍具有一定债性

从产品期限和权益级占比来看，住房租赁私募 REITs 产品股性较其他私募 REITs 产品有所增强。从期限看，住房租赁私募 REITs 的期限较长，平均期限为 15 年，高于全部私募 REITs 产品的 12. 86 年。从结构看，权益级比例越高，产品的权益属性越强。住房租赁私募 REITs 的权益级较高，例如新派公寓私募 REITs 中优先和权益级占比分别为 48% 和 52%，中信阳光城私募 REITs 中优先和权益级占比分别为 58% 和 42%。

不过，深入分析笔者发现住房租赁私募 REITs 仍具有一定债性。从期限看，虽然期限较长，但普遍每三年设置开放期，优先级持有人有退出权利，故发行定价时，亦以三年期资金成本为基准。从权益占比看，虽然权益占比较高，但权益份额基本由原始权益人及其关联方持有，外部独立投资者认购意愿不强、认购比例较低。近年来，私募 REITs 增信方式不断创

新和丰富，尤其是住房租赁私募 REITs。除超额覆盖、保证金账户、不动产整体回租、优先权权利金、差额补足承诺等传统增信措施外，住房租赁私募 REITs 中还增加了流动性安排和评级下调承诺等创新措施，进一步扩大原始权益人信用的影响。

（二）普遍采用储架发行方式，间接实现扩募功能

储架使私募 REITs 间接实现了公募 REITs 的扩募功能，储架发行制度创新在住房租赁领域落地。2017 年 10 月底，首单储架发行 REITs 中联前海开源—保利地产租赁住房一号资产支持专项计划通过审议，目前已获得无异议函可发行的 11 单产品中，除 2 单外，其余均为储架式。从规模看，储架规模较大，最小为30 亿元，最大为200 亿元。目前已发行的规模相对较小，最小的发行规模为 2.5 亿元（储架 30 亿元），最大的发行规模为 31 亿元（储架为 200 亿元）。

（三）产品结构与其他私募 REITs 产品一致，均沿用中信启航结构

结构设计上，境内住房租赁私募 REITs 与其他私募 REITs 基本一致，基本延续了第一单中信启航的结构设计，均采用双 SPV（专项计划 + 私募基金或信托计划）架构①。为实现节税避税目的，私募基金或信托计划对接项目公司时，均采用股加债形式。2018 年结构设计略有不同，此前股加债结构中的债权主要通过委托贷款实现，而委贷新规后，则多以信托贷款或股东借款的形式存在。

---

① 具体以较常见的专项计划 + 私募基金为例说明，专项计划通过私募基金购买项目公司股权和发放贷款的形式将募集资金发放给融资主体，标的物业通过产权归属项目公司，同时抵押给贷款的方式转让至类 REITs，成为其还款来源，并避免标的物业的重复抵押/出售，私募基金贷款发放给项目公司后置换其与原实际控制人之间的存量债务。其结构设计的关键是构建项目公司存量债务，而没有现金留存在账面上。运行期项目公司不动产运营所得净收入优先按照贷款合同用于偿还贷款本息，少量剩余部分税后分红，节税效果明显，因此这种结构设计下一般股少债多。该计划运行期各项目公司标的物业租赁净收入正好覆盖贷款利息，基本可实现无须缴纳企业所得税。

（四）原始权益人类型更为集中，主要为房企和国有企业

目前境内住房租赁私募 REITs 主要是房企发行，如保利、越秀、碧桂园和阳光城等。私募 REITs 对房企而言，更多的是一种非杠杆融资和现金流快速回笼的工具[①]，由于税收和较高的发行利率导致综合成本相对较高，在 2017 年及以前年度，私募 REITs 并不是房企的主要融资渠道。2018 年，房企发行住房租赁私募 REITs 明显增多，有两方面原因：一是政策鼓励房地产企业布局住房租赁行业，房地产企业也在寻求盈利模式转型，因此纷纷开始布局住房租赁市场；二是房企融资渠道整体收紧，需把握为数不多的政策上仍鼓励的融资渠道。此外，国有企业发行住房租赁私募 REITs，如深创投安居系列，就是积极响应号召，探索通过市场化方式盘活保障房市场。

（五）投资者结构较为单一，中间级和权益级认购积极性不高

从调研情况看，投资者对于住房租赁私募 REITs 的积极性并不高，尤其是在 2018 年固定收益市场整体收缩、信用两极分化的背景下。以深创投安居集团人才租赁私募 REITs 为例，31 亿元中，优先级、中间级和权益级分别为 9.3 亿元（30%）、15.5 亿元（50%）和 6.2 亿元（20%）。据基金管理人反映：此次发行中间级和权益级因投资者结构单一，销售难度较大。总体看，优先级由有业务往来的银行等金融机构认购，公开招标利率为 4.38%，认购较为积极；但是中间级由深圳市引导基金认购，要求的回报率仅为 0.5%，以此保证优先级的回报率；权益级则由安居集团自持。

二、我国境内住房租赁 REITs 发展的市场环境

本书从租赁市场的发展状况和市场机构的成熟程度两方面分析我国境内是否具备住房租赁 REITs 产品发展所需的市场环境。

---

① 房地产企业对于不动产以投资性房地产入账，可以公允价值入账，通过公允价值评估增值改善利润表，同时不增加税务负担，没有通过类 REITs 实现扭亏为盈的需要。

（一）我国境内住房租赁 REITs 发展的租赁市场环境

从成熟市场经验看，住房租赁 REITs 的发展，需要租赁市场发展到一定阶段：一是租赁市场规模较大，这是发展住房租赁 REITs 的基础，尤其是大规模发展住房租赁 REITs；二是租赁市场的机构化运营达到一定程度，保证 REITs 有足够的发起主体和持续的运营能力；三是租赁市场具有相当的收益率水平，保证 REITs 产品对投资者具有一定吸引力。本书将逐一分析我国是否具备相应环境。

1. 租赁市场空间大，具备发展基础

目前我国的租赁市场规模较大，随着租赁人口的持续增加，租赁市场将进一步快速发展，这为我国发展住房租赁 REITs 创造了基础条件。改革开放以来，我国社会流动人口数量不断增加，成为早期住房租赁市场发展的人群基础。随着大学扩招，租赁市场需求结构出现明显变化，由早期的外来流动人口主导转变为以高校毕业生为主的本地户籍群体。近年来房地产价格快速上升以及相应的限购政策，强化了外来人群的房屋租赁需求。从国际比较来看，我国现有租赁人口占比（12%）对比国际水平（美国 31%、日本 33%），还处于低位。未来受都市圈发展趋势、高房价及限购政策、新生代人群消费升级的影响，租赁人口规模和租赁质量要求还将上涨。据链家研究院测算，目前我国租赁人口规模约为 1.83 亿人，预计到 2025 年，租赁人口将达到 2.3 亿人，到 2030 年，租赁人口将达到 2.7 亿人。

2. 目前专业运营机构数量不足且能力不强，不利于 REITs 市场形成

我国的专业租赁机构有两个特征：一是发展时间短，市场份额低，运营经验少；二是以分散式、轻资产为主，均不利于 REITs 市场形成。不过从发展趋势看，这两个特征均将会有所改变。截至 2018 年底，我国租赁市场以居民个人房屋出租为主，机构出租者的占比仅为 2%[①]。相比于散户

① 目前我国租赁模式分为散户自租、中介代租和长租公寓三种，不过中介参与的租房与房东自租本质上没有区别，因此，可将目前租赁模式看为散户自租和长租公寓两种。

出租，长租公寓因其标准化的租赁过程、良好氛围以及优质的服务，具有明显优势，未来发展空间巨大。如美国长租公寓品牌渗透率[①]高达 31.72%，而我国长租公寓品牌渗透率仅为 2%，一线城市为 5%，二线城市为 1%，未来有较大提升空间。

重资产模式进入门槛较高，主要以房企为主，目前占比较低，未来将不断增加。从资产持有模式看，租赁机构可划分为重资产和轻资产两类，物业分布可划分为集中式和分散式[②]。目前市场主要以轻资产、分散式为主，据睿信地产研究院统计，2017 年排名前十位的租赁企业的公寓规模，分散式占比达 83.5%[③]。重资产模式要求企业具有雄厚的资本，主要以房企为主[④]。从目前政策看，国家鼓励通过新增用地[⑤]建设租赁住房和在新建商品住宅项目中配建租赁住房等方式，增加租赁住房供应。未来租赁行业的发展模式将由当前的“C2C”向“B2C”转变，大量租赁住房将由各类机构运营企业长期持有，重资产、集中式的租赁企业将不断增加。除了传统房地产企业外，国有企业进入租赁市场的动力也较强。

不过，虽然目前机构化运营占比较低，但运营机构通过住房租赁 REITs 退出的意愿很强烈。尤其重资产模式中，对运营机构资金占用较多，运营机构通过 REITs 实现轻资产运营的意愿强烈。因此，笔者认为短期内虽然机构化程度较低，不利于住房租赁 REITs 的迅速铺开，但并不会成为 REITs 初期发展的主要障碍。

3. 租赁市场整体收益率较低，是发展住房租赁 REITs 产品的主要障碍

我国租赁市场收益率整体较低，这是住房租赁 REITs 产品发展的主要障碍。首先，目前我国房地产市场整体资产价格过高但租金较低，导致收

---

① 品牌渗透率为机构持有公寓的数量占所有租赁住房中的比重。

② 资产持有和物业分布并没有绝对关系，不过在实践中，重资产模式下，物业分布通常较为集中，而轻资产模式下，物业则通常较为分散。

③ 分散式和集中式分别为 124 万间和 25 万间。

④ 从参与主体看，主要有五类：房企、中介、酒店、品牌机构和国有企业，代表企业有万科泊寓、链家自如、铂涛（窝趣）、新派公寓和安居集团等。

⑤ 包括集体建设用地、租赁地块和自持地块。

益率明显偏低。在我国，租金回报率和融资利率倒挂，尤其是一线城市住宅租金回报率只有 1.5%～2%，不仅远低于一年期基准利率，而且低于无风险利率[①]。这种现状一方面降低了 REITs 产品吸引力，另一方面也使得 REITs 无法通过融资加杠杆的方式来提升其基础物业收益。

其次，聚焦住房租赁市场，在收益率本身较低的环境下，长租公寓发展时间较短，其盈利模式还未形成。目前，长租公寓收入来源仍以租金为主，其他增值服务尚未匹配，很多一线城市的租金回报率相较重点二线城市更不乐观。据披露，旭辉领寓当前租金回报率约 4%～5%，最早进入市场的万科泊寓仅为 2%～3%，至今尚未实现盈利。收益率过低，决定了 REITs 产品难以吸引投资者。近期，国内部分地区已陆续出现“长期自持”的土地供应，其取得成本与可散售住宅的土地成本相比具有较大优势。类似的土地供应模式调整对于国内租赁住房市场及其 REITs 产品的发展将起到重要的推动作用。

（二）我国住房租赁 REITs 发展的资本市场环境

虽然目前市场对于 REITs 产品呼声较高，但从市场参与者的成熟程度看，仍显不足，市场机构亟待成长。

1. 合格资产管理人亟待成长，需从融资和变现诉求转换为资管逻辑

目前国内资产管理人亟待成长，需实现意识转变和能力的升级：其一，意识转变，从融资和变现诉求升级为资管逻辑。目前国内私募 REITs 主要目的仍为融资与退出，这一目的本身不存在问题，但这应只是商业地产“投融管退”管理闭环水到渠成的一个环节。若将此作为唯一目的，就背离了 REITs 本意。物业上市，是让广大投资者共享物业租金回报和资产增值，而不是供大股东套现。从美国、新加坡等成熟市场看，上市 REITs 的目的多是通过做动态资产管理，以达到扩张资产规模和提高回报率的目的。

① REITs 等资产证券化产品只有在其收益率高于无风险利率时才能体现对机构投资者的吸引力。在国外租金回报率大约在 6%，而国外同期无风险利率只有 2% 左右，所以可通过融资实现正杠杆收益。

我国境内私募 REITs 发行主体多以开发商和大的金融机构为主，独立的资产管理公司较少，与中国香港较为相似。从美国看，其发行主体既包括如铁狮门一类的实行纵向一体化的地产公司，也包括独立的资产管理公司。背后其实是行业商业模式的根本转变，从原来的销售收益，变为“管理费 + 超额利润提成”的费率收益。比如新派公寓发行的中国国内首单公寓私募 REITs，新派公寓作为运营商，一方面每年可享受租金收入 12% 比例的管理费收益，另一方面还可享受资产增值溢价 20% ~ 35% 的分成。对于业内企业，尤其是开发商而言，需要有新的认识。

其二，能力转变，从擅长财务杠杆到擅长经营杠杆。过去开发商擅长的资本运作，核心发展的逻辑可以简化为选中一块有增值空间的资产，通过融资这种财务杠杆的方式将资产做大，享受地价上涨和房价上涨的红利。房地产企业主要通过开发—销售—再开发这种高周转的经营模式获利，运营管理明显较弱。而 REITs 所代表的轻资产运营模式，背后其实是极强的运营能力。轻资产扩张本质是扩大经营杠杆，即如何具备更高的资产管理能力，怎样才能让这些资产获得更高的效益和坪效。

2. 投资者队伍和配套服务商亟待成熟

在过去几年中，随着私募基金的快速发展，开发商自身的金融化，以及投资银行的探索，逐步形成了有风险管理能力和产品设计能力的市场主体，这将成为推动 REITs 行业发展的重要力量。但整体而言，目前 REITs 投资者和配套服务商还不成熟：其一，投资群体单一，投资人有待进一步成熟。国外标准 REITs 是个人投资者投资房地产的一个重要渠道，投资人同时包括机构投资者和中小合格投资者。而目前国内私募 REITs 的投资人均为机构投资者，尚未对中小合格投资者开放。国内风险定价体系尚未成熟，投资人盲目相信主体信用，而不注重基础资产的风险判断。根据国外经验，只有当风险隔离和真实销售能够真正被投资人认可，REITs 方可获得强劲发展。其二，专业人才不足。REITs 跨越房地产和资本市场，需要既懂金融投资，又熟悉房地产开发、运作、管理等，同时还有一定法律知识的复合型人才。这样的复合型人才在我国并不多，需要经验的积累和跨行业的培养。传统的金融从业人员往往只擅长单一投资领域，应对诸如 REITs 这种大规模的房地产运作，通常会显得力不从心。

三、我国住房租赁 REITs 发展的制度环境

从境外经验看，具有吸引力的税收优惠政策和对投资者的优惠政策是 REITs 市场发展的重要制度基础，而目前相关制度在我国存在缺失。

（一）没有明确的税收中性政策，REITs 产品发行成本过高

我国境内私募 REITs 产品承受的税负处于较高水平（如表 4－8 所示）。例如，重组环节涉及增值税、土地增值税以及企业所得税等 7 种税收；持有环节涉及房产税、增值税以及企业所得税等 7 种税收，且所得税并无优惠，至少需要缴纳租金的 17% 和利润的 25% 的税收；退出环节，若出售项目公司股权，会涉及 0.1% 印花税和 25% 企业所得税，若出售资产，会涉及 11% 或 5% 的增值税和 30%～60% 的土地增值税，若投资者在二级市场上出售份额，会涉及 6% 的增值税和 25% 的企业所得税。即使通过复杂的双 SPV 结构设计，节约股权转让中的税费，但总体负担仍然较重，降低了发行人的意愿。

表 4－8　私募 REITs 税收负担概况

流程	交易环节	被征税对象	应税行为	税种	计税依据	税率
设立环节	SPV 公司收购资产	发起人（卖方）	资产转让	增值税	转让收入	11% 或 5%
				增值税附加	增值税	12%
				土地增值税	增值额	30%～60%
				印花税	合同金额	0.05%
				企业所得税	应纳税所得额	25%
		SPV 公司（买方）	受让资产	契税	交易金额	3%～5%
				印花税	合同金额	0.05%
	REITs 收购股权	发起人（卖方）	股权转让	企业所得税	应纳税所得额	25%
				印花税	合同金额	0.05%
		REITs（买方）	受让股权	印花税	合同金额	0.05%

续表

流程	交易环节	被征税对象	应税行为	税种	计税依据	税率
持有环节	物业经营	项目公司	物业出租	增值税	租金收入	11%或5%
			物业出租	增值税附加	增值税	12%
			物业出租	印花税	租金收入	0.10%
			持有物业	房产税	租金收入/物业值	12%/1.2%
			持有物业	土地使用税	面积	大城市 1.5～30 元
			物业出租	企业所得税	应纳税所得额	25%
	分红	机构投资者	分红	增值税、企业所得税	封闭式证券投资基金分红免增值税、所得税	
		个人投资者	分红	增值税、个人所得税		
退出环节	投资者在二级市场转让公募基金股份	投资者	资本利得	个人投资者免增值税、所得税，企业投资者需就价差缴纳所得税		
	REITs 处置资产或项目公司 SPV 股权	专项计划或项目公司	财产转移	类似于设立环节时的资产转让和股权转让行为		

资料来源：不动产信托投资基金税制问题研究。

对于住房租赁私募 REITs，原始权益人主要为房企[①]，发行税费成本更高。目前我国境内私募 REITs 的原始权益人以非房企居多[②]，标的物业多为自用物业，计入固定资产科目，通过项目公司股权转让实现物业产权转让过程中，可以免于缴纳土地增值税。但房企的物业通常用于出租运营，非自用，计入投资性房地产科目，在产权转让过程中，较其购置成本高于 20% 的增值部分需缴纳较高比例的土地增值税，因此房企以持有型物

① 只有一单住房租赁类 REITs 产品的原始权益人为新派公寓。

② 非房地产企业的标的物业在会计处理上通常计固定资产，可以通过 REITs 产品以公允价值卖出标的物业实现扭亏为盈，优化财务报表。

业发行私募 REITs 的意愿相对较低。

（二）未出台鼓励投资者进入 REITs 市场的政策

从美国等成熟市场经验看，除 REITs 作为中等收益、中等风险的产品对投资者有吸引力外，政府也出台相关政策鼓励投资者，尤其是对于养老金投资者和海外投资者进入 REITs 市场的政策支持。目前 REITs 产品在我国境内尚未推出、私募 REITs 产品规模较小，故政府并未出台相应鼓励措施。在本身收益率较低的情况下，又没有政策支持，因此投资者参与的积极性不高。

四、我国境内私募 REITs 与境外 REITs 在产品设计上的差异

我国境内私募 REITs 模式与境外主流 REITs 在满足融资需求、专业化、具有一定权益属性上与 REITs 相似。但私募 REITs 仍是一个私募、债性较强的产品，在组织形式、产品结构、期限、流动性、分配、管理模式上，与境外 REITs 差异较大，具体见表 4－9。

表 4－9　我国境内私募 REITs 和境外主流公募 REITs 产品的差异

类型 维度	私募 REITs	公募 REITs
属性	混合，偏债属性	权益属性
组织形式	专项计划	信托、基金、公司、合伙
产品结构	优先级、权益级	平层
负债及抵押	不允许负债，物业一般抵押给计划	外部负债，有比例限制
流动性	私募市场，最低门槛 100 万元	公开市场，交易门槛 1000 股
投资者人数	不超过 200 人	不限
期限	一般设置三年开放期	永续
增信	差额补足、流动性支持等	少数有收益增信
分配	优先级固定收益	强制分红比例
投资者收益	优先级固定、权益级靠增值	分红及资本增值
税务	无优惠，产品有增值税	一般分红可抵扣所得税
管理模式	被动管理，重现金流归集	主动管理，重业绩

资料来源：中国租赁住房 REITs 市场发展研究。

（一）股债属性不同

我国境内私募 REITs 属于混合产品，有优先和权益结构设计，债性明显，而境外 REITs 为平层结构设计的权益型产品。私募 REITs 产品通常设计成优先级和权益级份额，优先级利率固定，债性明显，权益级在持有期间的收益较少，主要依靠退出时的资本增值收益，股性较强。而境外 REITs 主要为 REITs 股票或基金份额，为纯权益型产品，投资收益包括分红和资本增值收益。从债性明显这一特征看，我国私募 REITs 产品仍然是原始权益人的融资工具。

（二）募集方式不同

目前我国境内私募 REITs 产品只能私募发行，而大部分境外 REITs 可以灵活采用公募或者私募方式发行。当前我国境内私募 REITs 产品依托 ABS 产品，因而只能采用私募形式发行，投资者人数不得超过 200 人，虽然部分产品设置了储架结构，但整体规模仍然受限。而大部分境外 REITs 可以根据自身需要选择公募或私募方式发行：在美国，REITs 以公募发行为主；在日本，REITs 起源于私募，并且形成了日本的特色模式；在中国香港、新加坡等市场，REITs 规则规定只能采取公开上市方式。

（三）组织形式和管理职责不同

私募 REITs 组织形式为专项计划，以被动管理为主、重现金流归集，而 REITs 组织形式为信托、基金或公司，以主动管理为主，重视业绩。当前我国境内私募 REITs 产品的主流结构为“资产支持专项计划 + 私募基金 + 项目公司”，私募 REITs 的主要管理职责由计划管理人和私募基金管理人承担，二者主要负责现金流归集、监测和合规监督等工作，以被动管理为主。境外 REITs 的组织形式为信托、公司和基金等多种形式，如美国、日本和德国等多采用公司制；澳大利亚、新加坡、中国香港、加拿大采用信托模式。虽然各国组织形式有所不同，但均强调主动管理，重视 REITs 的经营业绩。这种管理方式和管理职责的差异，也是基于产品的股债属性差异。

考虑到私募REITs的私募属性，比较私募REITs与日本TMK模式，私募REITs的管理职责明显较弱。TMK模式中，不动产信托受益权的受托人信托银行通过与外部专业机构合作，承担主要的资产管理职能。而国内私募基金管理人控制资产能力相对较弱，达不到主动管理的程度，主要是搭建基金架构和管理基金。

（四）杠杆要求不同

我国的私募REITs产品无论是在ABS层面还是私募基金层面，都是以契约形式体现的，没有实体法人，因此不能举债。而境外REITs产品允许负债，但各国或地区对负债比例有限制，如中国香港、新加坡和中国台湾地区分别规定资产负债率不得超过资产总值的45%、45%和35%；美国对资产负债率并无限制，但市场数据显示一般不超过50%；日本并无明确规定，但REITs可向合格的机构投资者借贷。

五、小结

截至2020年6月，我国境内共发行77只、1536亿元的私募REITs产品，其中住房租赁私募REITs为15只、178.4亿元。住房租赁私募REITs产品仍为股债混合型产品，大多采用储架发行，产品结构与首单私募REITs产品中信启航基本一致。与其他私募REITs产品有所不同的是，住房租赁私募REITs的增信方式有所创新，增加了流动性安排和评级下调承诺等措施，原始权益人类型也更为集中，主要为房企和国有企业。从产品发行情况看，投资者结构较为单一，认购积极性不高。

从我国境内目前的市场环境、制度环境和产品设计来看，推出真正的REITs产品仍需做出较大努力。从市场环境看，我国境内租赁市场规模较大，具备发展住房租赁REITs的基础条件，但租赁市场整体收益率水平偏低、市场参与者仍不成熟，是目前发展 REITs 产品的主要障碍。从制度环境看，发展 REITs 产品所需的具有吸引力的税收优惠政策和对投资者的鼓励政策，在我国境内仍为空白。从产品设计看，私募 REITs 仍是一个私募、债性较强的产品，在组织形式、产品结构、期限、流动性、分配、管理模式上，与境外 REITs 差异较大。

第六节　思考与启示

结合境外成熟市场经验和我国的市场现状，本书从市场环境、制度环境和产品设计三个层面，提出推动我国住房租赁 REITs 市场发展的思考与建议。市场环境的营造，需国家给予充分的重视与支持，加快推动市场规范发展；制度环境的构建，需相关部委联动合作，从各个环节保障 REITs 的顺畅运行和足够吸引力；产品设计的完善，需资本市场重点发力，把握市场与监管、发展与风控的平衡。

一、营造住房租赁 REITs 发展所需市场环境

从上文分析可知，租赁市场整体收益率水平偏低、市场参与者仍不成熟，是目前发展 REITs 产品需解决的现实难题。基于此，可以采取的措施如下：

（一）出台租赁行业发展规范，加强专业运营机构培育工作

租赁行业的规范、健康发展，是住房租赁 REITs 产品发展的基础。机构化运营的租赁行业是近年开始发展的新兴行业，蓬勃发展的同时也隐藏着较多问题，监管部门应本着早发现、早预警、早规范、早受益的监管思路，尽快出台行业发展规范。同时，也要提倡并鼓励具有专业创新能力的轻资产公寓运营机构及大型房企等品牌运营机构进入租赁住房领域，加强专业品牌运营机构培育工作。随着租赁住房市场运营机构数量的提升和培

育工作的开展，将推动市场化运营机构之间形成良性竞争，从而提升市场的整体运营水平。

（二）从成本端着手，通过低地价土地供应提高租金收益率

住房租赁 REITs 大规模发展离不开有吸引力的投资回报率，核心在于使资本化率回归合理水平，即租金上涨、估值下跌。从租售比来看，我国主要城市，尤其是一、二线城市租售比明显偏低，如 2018 年 7 月，北京租售比约为 1∶700，明显低于国际通行标准（1∶300～1∶200）。长期看，租售比将实现均值回归，房价下跌、房租上涨是必然趋势。中短期看，收入端房租无法快速提高，要提高租金收益率以吸引更多的专业机构进入此领域，可从成本端着手，降低成本、提高收益率。

1. 对于市场化租赁住房，增加专门租赁用途的土地供应

在“租购并举”战略下，近期集体建设用地、自持地块租赁住房政策大面积落地，经过 2～3 年的建设、运营后，可形成规模较大的基础资产池。目前针对租赁住房的特殊政策包括土地用途专门为租赁、部分地区的城市土地拍卖制度从“限地价”转向“限地价、竞自持比例或保障房面积”①、利用集体建设用地建设租赁住房试点等。这些政策能够显著降低土地成本，例如，按照北大光华 REITs 课题组的测算，2017 年底杭州的彭埠地块为专门租赁住房用地，其土地拍价低至 5049 元/平方米，预期毛租金收益率将大大提高，约为 7%。中短期看，具有优惠地价的租赁住房将成为市场化租赁住房 REITs 的重要底层资产，政策上应明确自持地块或集体建设用地上盖租赁住房能够进行证券化运作。

2. 对于公租房，允许配套商业物业剥离独立上市

从调研情况看，各地对公租房租金均有限制，公租房租金收益率无法

---

① 例如，北京市住建委《本市“限房价、限地价”项目自持商品住房租赁管理有关问题的通知》公开征求意见稿规定，在竞价达到合理土地上限价格后，将竞报企业自持商品住房面积。企业自持的商品住房将全部作为租赁住房，不得销售。如果出现“以租代售”或者变相销售的，企业将被纳入黑名单，取消其参加招拍挂的资格。持有年限与土地出让年限一致，且租金由租赁双方按照市场水平共同商定，如北京住宅用地中“只租不售”自持面积近 4 成。

吸引投资者，但附属配套商业物业、停车位等资产市场化运作程度较高，收益率相对较高。因此，可借鉴香港领展 REITs 的成功经验，选取优质的配套商业物业以及停车位资产作为底层资产上市，支持公租房发展。从香港经验和我国境内实际情况来看，公租房配套商业物业的剥离和转让，需关注的问题包括：配套商业物业的权属是否完整并可转让、运营期间如何确保底层资产的用途及其变化符合政策规定、如何确保公租房商业及停车场配套设施私有化后不偏离服务公租房居民方向。

二、构建住房租赁 REITs 市场发展的制度条件

（一）秉持税收中性原则，制定 REITs 税收优惠政策

完善 REITs 税收优惠制度，可从以下三个方面着手。

第一，对以 REITs 为目标的资产重组行为给予税收支持。在创设 REITs 过程中，发起人往往需对资产进行重组，如将标的资产注入项目公司。实践中除国有资产划拨外，其他该类行为有可能被视为交易，从而产生大量税费负担。由于发起人往往会在 REITs 中持有较大份额，因此标的资产的实际投资主体和控制权并未发生实质变化，该行为可视为企业内部重组。建议允许企业适用与企业内部资产重组相关的税收政策、规定，以分立、新设等形式，按资产账面价值注入企业新设的项目公司，从而无须适用增值税、土地增值税和所得税等。该税收优惠应扩大至以创设 REITs 为目标的所有企业，包括房地产企业和各种所有制企业。

第二，进一步增加税收透明度，体现 REITs 设立行为的商业实质。对于设立 REITs 时，发行人将项目公司股权转让给 REITs 的股权转让行为，不应视同房地产销售，应属于重组行为，建议对其性质予以明确，不适用征收土地增值税。同时，该转让行为是 REITs 设立的基础，具有合理商业目的，建议对该行为产生的企业所得税给予税率上的优惠或递延处理。

第三，降低 REITs 经营环节的税负，体现对 REITs 的税收优惠待遇。

不同主体持有资产并经营使用的税率差异较大，REITs 在持有经营物业的环节中税负较重，建议在一揽子税收方面试行优惠政策，可参照个人持有并出租房屋的情况，为 REITs 体系内的项目公司持有并出租房屋制定较低的综合税率。

（二）鼓励投资者参与，丰富投资者群体

REITs 作为一个投资端产品，对于投资者的鼓励政策也是发展必不可少的。可借鉴美国经验，第一，允许个人投资者投资公募 REITs，充分体现公募 REITs 的普惠性质；第二，吸引养老金、企业年金等长期、追求稳定收益的投资者进入 REITs 市场，对于投资者人数可穿透计算；第三，对海外投资者给予税收优惠，吸引海外投资者参与我国 REITs 市场。

三、我国公募 REITs 产品设计的相关思考

基于我国私募 REITs 产品与国际主流 REITs 的差异，本书从发行方式、管理职责和杠杆率三方面对我国 REITs 产品的设计提出思考与建议。

（一）公募与私募并存，给予市场自由选择的权利

基于境外发展经验和我国发展实践，本书认为未来公募 REITs 规则推出后，我国 REITs 市场将会形成私募 REITs 与公募 REITs 并存的格局，并且中短期内私募 REITs 仍将在 REITs 市场中占据相当规模。目前我国私募 REITs 以资产专项计划为载体，采用私募发行，债性较强、流动性不足以及主动管理能力较低，实质为私募 REITs。为解决私募 REITs 困境，市场机构与监管层均希望推出公募产品。从发展的角度看，试点与制度建设先行，积累经验的同时不断完善制度，有利于市场循序渐进发展。但也需意识到目前市场环境还未达到适合 REITs 产品发展的理想状态，投资端的成熟程度和接纳空间较为有限，因此私募 REITs 仍有存在的必要性。

具体到深交所，应尽快试点公募 REITs，于条件成熟时设立具有深市

特色的 REITs 板块。一方面，发布专门的公募 REITs 规则体系、信息披露和交易规则，提升资产透明度；另一方面，积极培育投资者，加强买方市场建设，保护投资者权益，拓宽投融资渠道。

（二）鼓励 REITs 加强资产主动管理，提高资产收益率

借鉴成熟市场经验，我国住房租赁 REITs 可通过加强资产主动管理和提供与住房租赁相关的多元化服务提高底层资产的租金回报率。提升主动管理能力要求 REITs 的资产管理公司具有较强的专业能力。一方面，我国可参照美国和日本经验，引导具有丰富租赁市场经验的房地产公司担任 REITs 资产管理公司；另一方面，也可借鉴中国香港的领展 REITs 经验，在 REITs 成立初期，在组织架构引入“策略伙伴”，通过“策略伙伴”的协助，提升主动管理能力。

（三）控制适度的杠杆率水平，支持 REITs 健康发展

基于我国目前整体租赁市场资产收益率较低的现状，本书认为：一方面应研究允许 REITs 产品保持一定杠杆率的可行性。在资产本身收益率较低时，尤其需要利用外部资金获取快速发展；另一方面可借鉴中国香港、新加坡市场的经验，设定合理的杠杆率限制，防止杠杆率过高引致的风险。管理人应严格控制 REITs 的资产负债率，防止过度扩张，尤其应关注 REITs 债务的久期，同时关注 REITs 的再融资环境，避免 REITs 因房地产价格和利率波动导致资金链断裂。

第五章

基于公共资产发行 REITs 研究

我国正积极探索基础设施 REITs、公租房 REITs 等具有公共属性的 REITs 产品。纵观全球市场，虽然涉及公共资产的 REITs 产品规模不大，但是一种重要的探索方向，如美国的私人监狱 REITs①、中国香港的领展 REITs 和印度的基础设施 REITs② 等。其中，领展 REITs③ 以香港特区房委会所有的公租房配套商业物业和停车场为底层资产而发行，是较为知名的以公有财产私有化而发行的 REITs，同时也是香港 REITs 市场最大且运营较成功的产品。当前市场对公共资产能否发行 REITs、如何发行、如何运营以及有哪些风险，未有清晰认识。鉴于此，本书深入分析领展 REITs，梳理其产品结构、运营经验及风险，为我国境内 REITs 市场发展提供借鉴。

第一节 典型案例：香港领展 REITs 概况

亚洲金融危机后，为应对楼市崩溃，香港特区政府大幅调整住房政策，减少对房地产市场干预。亚洲金融危机爆发使得香港陷入长期的通货

---

① 美国市场有 2 只私人监狱 REITs CoreCivic 和 GEO，2019 年底市场规模均在 20 亿美元左右。

② 截至 2019 年底，印度市场已有 9 只基础设施 REITs，资产涉及输电线路、高速公路、油气管道和通信塔。

③ 领展 REITs 指“领展房地产投资信托基金”，2005 年成立时名称是“领汇房地产投资信托基金”，2015 年领汇 REITs 为开拓更多商机，推出全新企业品牌，更名为领展 REITs。

紧缩和严重衰退，房价持续下跌。为应对危机，2002 年香港特区政府开始调整住房政策，将其职能限定在“为有需要家庭提供租住公屋”，“退出作为开发商的角色”。此后十余年，香港住房政策都保持了市场主导的主基调。

为响应香港特区政府住房新政，香港房委会停止实施“居者有其屋计划[①]”和“租者置其屋计划[②]”等房屋出售政策，房委会财务状况急速恶化，从 2003 年 4 月的 280 亿港元盈余，下跌至 2006 年 3 月的 55 亿港元赤字。为改善财务状况，并在短期内解决公屋运营亏损问题，房委会决定分拆出售旗下公屋附属的大部分商场及停车场，成立领展 REITs（以下简称“领展”）。领展作为香港的第一只 REITs，自 2005 年上市以来成长迅速，目前已成为亚洲规模最大的 REITs，2020 年 6 月市值超过 1300 亿港元。旗下物业涵盖零售设施、停车场和办公室，业务分布香港、北京、上海、广州及深圳。

一、组织框架

REITs 有内部管理和外部管理两种管理模式，领展通过受托人持有资产管理公司，实现外部管理内部化。据香港《房地产投资信托基金守则》，香港 REITs 由独立于 REITs 的公司作为受托人和管理公司进行管理，即外部管理模式。领展 REITs 的管理公司为领展资产管理公司，虽然其形式上独立于 REITs，但仍由 REITs 投资并持有 100% 的股权。在此架构下，领展实质为内部管理[③]（如图 5－1 所示）。

---

① 房委会兴建住宅，凡中国香港永久居民及低收入的市民均可以较私人楼宇低的价格购买。

② 中国香港公屋租户能以低廉价格购买所租住的单位，这项计划有助房委会增加收入并减轻政府补贴公屋的负担。

③ 香港 REITs 市场的其他产品，也有外部管理内部化的情形，如越秀 REITs 通过越秀地产股份有限公司控制越秀 REITs 资产管理有限公司。不过，这些 REITs 虽然外部管理内部化，但通过法律、契约规定了受托人与管理人之间在经营管理上的相互独立，实现了基础资产与受托人之间的风险隔离。

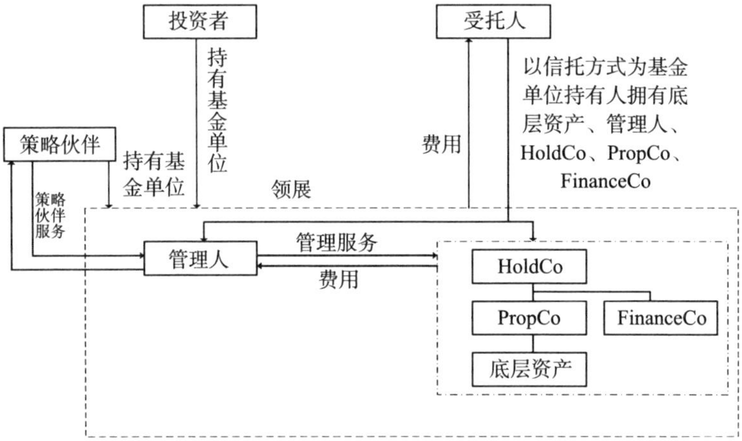

图 5-1 领展成立时的组织结构

资料来源：领展招股说明书。

领展成立前，其底层资产由香港房委会运营，管理人为房委会全资子公司，市场化程度较低。REITs 成立后，房委会完全退出领展及管理人①，新的管理人董事会成员由不动产管理、金融、会计和法律等领域的专业人士构成，专业化程度较高。同时，为推动领展经营模式转变和效率提升，拥有丰富 REITs 管理经验的凯德集团②，作为“策略伙伴”被引入组织架构之中③，为管理人提供管理意见、员工培训以及专业技术支持④。

二、经营策略

领展成立初期主要依靠提高管理水平⑤和资产提升⑥增加存量资产的盈

① 在领展 REITs 成立前后，为保证物业资产的顺畅运行，REITs 与香港房委会签订了过渡支援协议（成立前）和服务水平协议（成立后），由香港房委会向管理人提供财务支援、营运支援等服务。

② 当时的公司名称为嘉德置地，管理着包括在新加坡证券交易所上市的两只房地产投资信托基金在内的总额约 38 亿美元的房地产基金。

③ 成立之初，12 名董事之中有两名由策略伙伴提名。

④ 为确保策略伙伴与领展的利益一致性，双方签订策略伙伴协议，约定策略伙伴按发售价认购 1.8 亿美元的基金单位（约占发售总额的 6.4%），且上市后一段时间内不得处置已认购的基金单位。此外，策略伙伴不得参与或投资，在香港拥有、经营或管理购物商场或停车场的任何公司、集合投资计划或资产管理公司。

⑤ 提升管理水平主要包括维持较高服务质量、控制成本、节省能源及提升业务毛利率。

⑥ 资产提升包括改善商户组合、改善客户服务、举办推广活动以及建筑物外观和结构上的提升。

利能力。一方面，通过精简管理架构、改善成本结构等方式提升经营水平；另一方面，通过资产提升提高客流量和回报率。截至 2019 年底，领展资产提升项目累计达 85 个，在其资产总数中占比约 50%。上市以来领展管理水平持续提升，物业收入净额比率从 2006 财年的 60% 提升至 2019 财年的 77.2%。

2011 年后，领展开始通过出售、购买、开发等形式优化资产组合，提升资产分散度和盈利能力（如图 5－2 所示）。领展认为内地资产具备较大增长潜力，近年加大布局力度。截至 2019 年 3 月底，领展共出售 57 个非核心香港资产，同时收购 4 个香港核心地段资产和 5 个内地一线城市核心地段资产。2019 财年年报显示，领展内地零售资产的资本化率和出租率达 4.25% 和 97.8% 以上，高于香港地区 4.27% 和 96.5% 的平均水平，内地资产明显提升资产组合盈利能力。同时，2015 年领展开始开发写字楼项目，进一步提升资产组合分散度。伴随着资产的买卖与开发，公屋配套资产在领展中占比持续下降，截至 2020 年 3 月估值规模占比降至 70% 左右[①]。

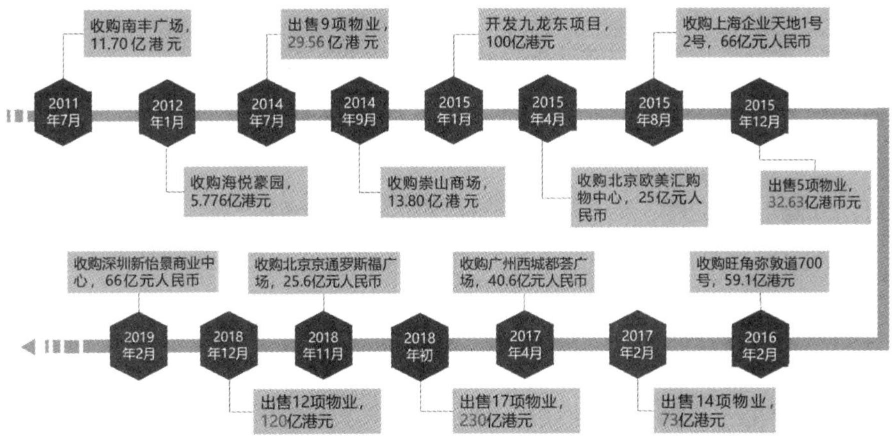

图 5－2　领展 REITs 成立以来资产收购、出售和开发情况

资料来源：根据领展历年年报整理所得。

① 除香港的南丰广场、海悦豪园、旺角弥敦道 700 号、九龙东项目和内地 5 个资产以外，均公屋配套资产。

三、经营业绩

上市以来，领展保持强劲发展势头，目前已成为全球规模最大的零售类 REITs 之一[①]。2005—2019 财年，其总估值、总收益和物业收入净额的复合年增长率分别为 12.8%、15.93% 和 17.97%。截至 2019 年 3 月底，总估值、总收益和物业收入净额分别为 1932.24 亿港元、107.18 亿港元以及 82.20 亿港元，表明领展资产规模持续上涨、经营业绩不断提升（如图 5－3 所示）。

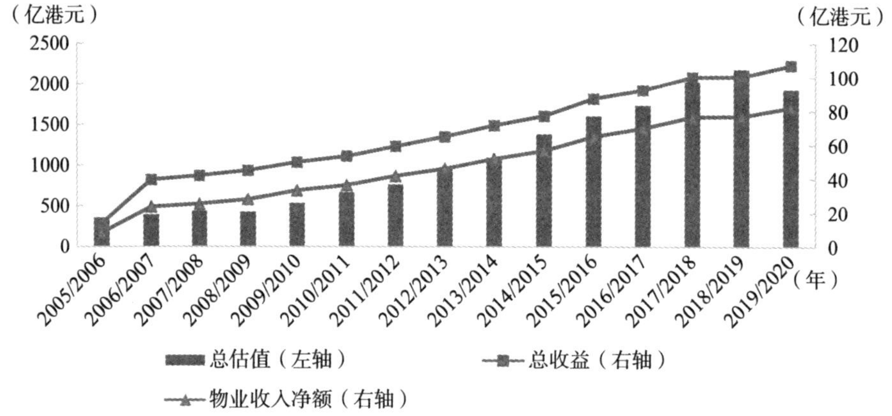

图 5－3　2005—2019 财年领展资产估值、总收益和物业收入净额情况

资料来源：根据领展历年年报整所得。

与此同时，领展的财务结构稳健，债务融资成本较低（如图 5－4 所示）。从资产负债率来看，从 2005 年的 29.9% 下降到 2020 年 3 月的 16.7%，远低于香港 REITs 守则 45% 的要求。从债务组合实际利息成本来看，2019 年 4 月领展发行 40 亿港元、5 年期的绿色可转换债券，票面利率仅 1.6%，为五年来亚洲 REITs 中最低。

---

① 仅次于美国商业零售 REITs Simon Property。

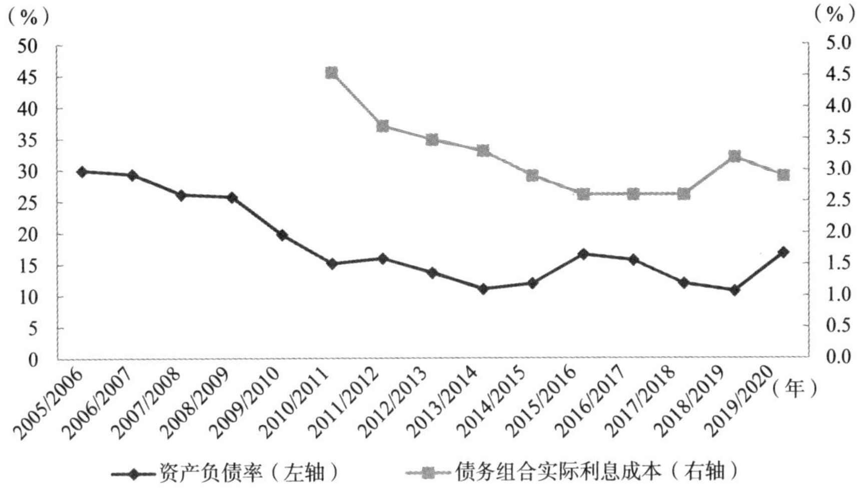

图 5－4　2005—2019 财年领展负债及债务融资成本情况

资料来源：根据领展历年年报整理所得。

四、分红收益

领展大股东[①]持股比例较低，香港特区政府完全不持股。上市时，香港房委会完全退出领展，不持有股份；上市后，领展的大股东几经变化，德意志银行、TCI、The Capital Group Companies 和黑石等先后成为其最大股东[②]，大股东持股合计占比在 30% 左右，投资者结构较为分散。同时，虽然香港社会常呼吁特区政府回购领展股份，但香港特区政府至今并未持有领展股份。

持续上涨的经营业绩为投资者带来稳健的回报。每基金单位分派从 2006 年的 0. 22 港元增加至 2020 年的 2. 87 港元，复合年增长率为 20. 14%（如图 5－5 所示）。除 2009 年受到全球经济危机影响外，每单位基金资产

---

① 此处大股东指持股比例超过 5% 的股东。

② 截至 2019 年 9 月，持股较高的股东包括黑石（9. 1%）、The Capital Group Companies（7. 02%）、State Street Corporation（6. 02%）和 Stichting Pensioenfonds ABP（5. 41%）。

净值呈现稳步上升趋势，复合年增长率为 14.91%，保障了投资者的资本利得。

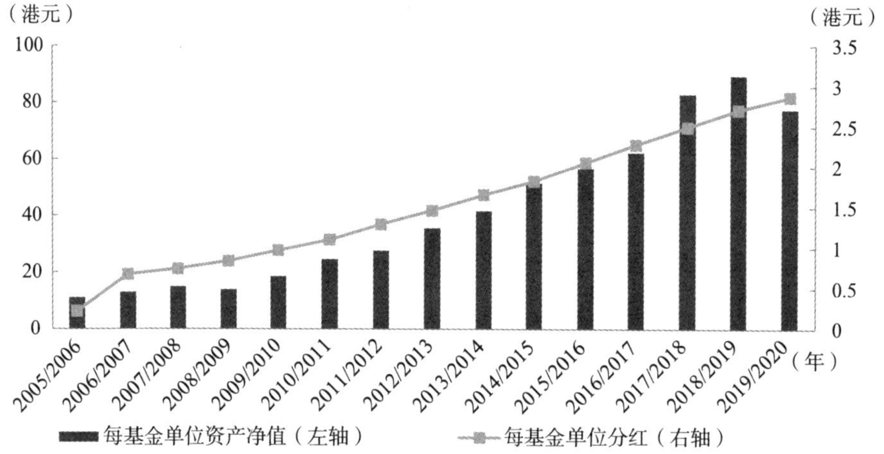

图 5－5　2005—2019 财年领展基金分红和资产净值变化情况

资料来源：根据领展历年年报整理所得。

第二节　领展商业上取得成功的原因

上市以来，领展的业绩持续增长，既得益于优质的基础资产和不断优化的市场环境与监管环境，同时也归功于海外专业投资者的参与和高效的内部激励机制。

一、市场环境

（一）领展 REITs 具有优质的基础资产

领展的资产主要是为居民提供生活必需品的零售物业，资本化率较高且抗周期能力较强。中国香港零售业相当发达，即使在亚洲金融危机期间房价高企时，其零售资产的资本化率也可达6%~8%（如表5-1所示）。2005年，领展资产组合的平均初始收益率为6.82%，这一收益率对投资者具有较强吸引力。且领展物业的主要承租人为提供生活必需品的商户，抗周期能力较强，从长期看领展物业拥有持续的租金上涨空间。

表5-1　1989—2005年中国香港零售资产的租金回报率（租金/售价）

时间	港岛（%）	九龙（%）	新九龙（%）	新界（%）
1989	14.08	15.88	10.04	7.74
1990	12.17	13.82	9.48	9.45
1991	10.16	11.04	8.82	7.86
1992	9.86	9.20	7.66	6.92
1993	6.94	8.12	7.38	7.10
1994	7.50	7.27	6.77	7.60
1995	8.96	9.55	7.31	8.13
1996	7.55	6.85	6.44	7.64
1997	5.91	4.55	5.54	5.50
1998	6.84	6.29	7.77	6.50
1999	6.99	6.29		7.17
2000	7.85	7.60		9.97
2001	9.38	8.92		8.78
2002	7.63	8.62		7.11
2003	7.50	7.75		8.26
2004	5.96	5.11		7.66
2005	6.13	5.20		6.56

资料来源：香港差饷物业估价署。

（二）领展 REITs 发展处于房地产市场复苏周期

2005年领展上市时，正是亚洲金融危机结束，香港房地产市场开始复苏之际，蓬勃向上的房地产市场为领展提供了良好的市场环境。1998—2003 年，香港房地产市场价格迅速下跌，以香港私人零售业售价指数为例，六年间累计跌幅达 51.8%。2004 年起，香港房地产市场谷底反弹，此后逐年大涨，2004—2018 年指数累计增长 395%（如图 5-6 所示），这为资产升值提供了市场基础。

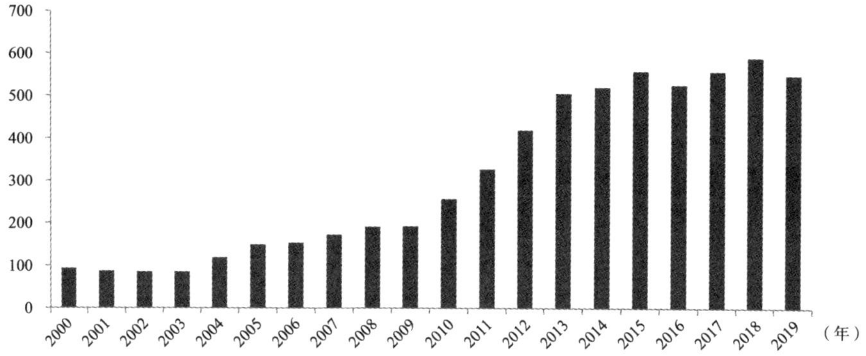

图 5-6 2000 年以来香港零售物业售价指数（1990=100）

资料来源：香港差饷物业估价署。

二、制度条件

（一）监管规则持续优化，不断适应市场需求

香港 REITs 规则持续优化，为领展实现灵活的经营策略提供了可能。2003 年香港 REITs 规则推出后，根据市场发展实际需求，先后进行四次修订（如图 5-7 所示）。其中 2005 年允许 REITs 投资香港境外资产的修订和 2014 年放松 REITs 关于物业开发和金融投资限制的修订，对领展意义重大。例如，在 2014 年 REITs 规则修订后，领展的发展战略由资产管理、资产提升和资产收购拓展至资产出售、物业开发和物业重建。2015 年 1 月，领展和南丰发展斥资 58.6 亿港元获得新九龙一块写字楼商业用地，实质性参与物业建设。

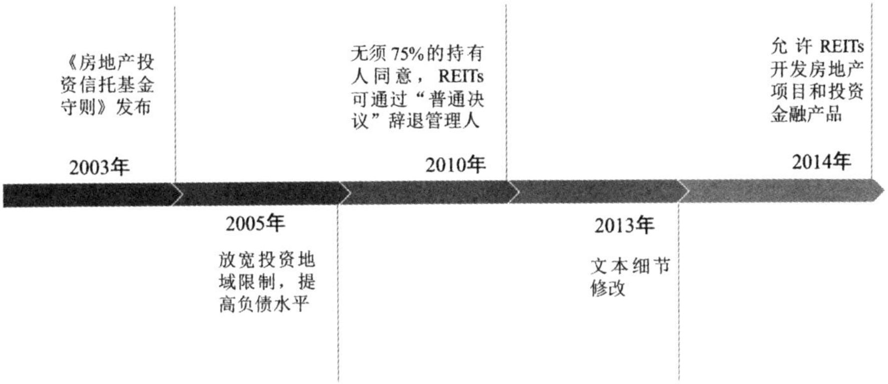

图5-7　香港《房地产信托基金守则》修订情况

资料来源：香港金融管理局。

（二）开放的资本市场环境允许国际成熟资产管理机构和投资者顺畅进入，推动领展快速发展

开放的资本市场环境使得策略伙伴的进入成为可能。领展成立时，资产的运营管理由香港房委会转移到领展资产管理公司手中。虽然该公司由专业人士组建，但由于彼时香港 REITs 市场刚起步，各方均缺乏 REITs 运营经验。故而引入新加坡上市公司凯德集团作为“策略伙伴”，为资管公司提供专业意见，这一举措为领展初期的发展提供了较大帮助。

领展的股东构成呈现明显国际化，这也在一定程度上得益于开放的资本市场环境。上市之初，领展的股东中已不乏国际投资者，其后历年公布的持有份额超过5%的投资者也几乎均为国际投资者。这些成熟的国际投资者不仅能提供多样化的资金渠道，更能基于其丰富的资产管理，尤其是不动产管理经验，与资产管理公司一起推动领展高效发展。

（三）有效的激励制度保证管理人与持有人的利益一致性

在 IPO 时和运营期间，领展均有着不同于其他 REITs 的、较为独特的制度设计。领展的上市过程有一定波折，2004 年首次 IPO 因居民诉讼而夭折后，2005 年进行二次 IPO。为增强吸引力，引入退股机制和认购折扣，即若领展陷入法律诉讼，投资者可在7日内考虑撤回申请，同时散户可获5%的认购折扣优惠。在经营过程中，领展通过合理的激励约束机制，使管理人与基金单位持有人长期利益趋于一致（如表5-2所示）。例如，领展管理人在出售或购买资产时不提取费用，因此管理人不会盲目买卖资产；领展为董事及高管人员，设置与物业净收入和基金单位总回报增长挂钩的长期激励计划。

表5-2　不同REITs管理费及高管薪酬情况

	领展REITs	越秀REITs	冠君REITs
管理费	管理人由受托人全资持有，及按成本收回基准收取管理费。管理人不会就收购/撤资收取任何费用，亦不会按所管理资产账面价值的百分比或按其他与业绩挂钩的指标收费	管理人每年按资产账面价值的0.3%收取基本管理费、按物业收入净额的3%收取服务费。同时，REITs收购或出售物业时，按收购款项的1%或出售资产价值的0.5%收取交易费用	在半年度业绩公布后，管理人有权收取物业收入净额的12%作为管理费，但前提条件是半年度的物业收入净额必须不少于2亿港元
高管薪酬	与以下因素挂钩：第一，以财务或非财务关键绩效指标衡量的战略目标完成情况；第二，以物业收入净额衡量的业绩表现；第三，基金单位总回报；第四，基金单位价格	管理人董事及高级管理人员的薪酬均由管理人承担，而不由越秀REITs承担。未披露与经营业绩挂钩的薪酬计划	管理人董事及高级管理人员的薪酬均由管理人承担，而不由冠君REITs承担。未披露与经营业绩挂钩的薪酬计划

资料来源：根据公开资料整理。

第三节　领展对社会造成的负面影响

虽然领展在商业上较为成功，但对香港社会也产生了一定负面影响。领展上市前，已被指出存在公共资产被低估的质疑；负面影响更持久的是，领展上市时香港房委会出售所有股份，导致在领展的经营策略和资产管理上完全没有话语权。公共资产运营纯商业化后，公共属性缺失、公共功能弱化和公共资产再次出售等状况引发社会不满情绪。

一、公共资产私有化过程中存在资产被低估贱卖的质疑

领展成立时房委会将旗下公共资产装入，社会公众对资产的出售价值存在一定质疑，普遍认为被低估。领展上市以来，其底层资产估值的复合年均增长率达 17.78%，远高于同期香港零售资产 11.1% 的增长率，公众认为房委会资产被低估可能是重要原因。领展上市前，已有立法会议员质疑房委会贱卖资产，指出以当时的市场价格估算，待出售的资产价值超过 1000 亿港元①，但实际以约 340 亿港元出售。而瑞士银行也在领展上市三个月后，将其未来一年基金单位目标价格由 10.3 港元调升至 20.28 港元。

二、持续加租推高公屋居民生活成本，引发不满情绪

领展上市前，居民对生活成本上升已有预见。2004 年领展首次 IPO 时，部分公租房居民因担心配套商业出售后导致生活成本上升，以“政府贱卖资产”为由，向香港高等法院提出禁止房委会向领展注入资产，领展上市因而延后。然而，当时“公营事业私营化”思想盛行，同时又受到领展上市潜在利益的吸引，香港主流社会并未充分重视风险，整体上仍支持领展上市。

随着领展不断发展，公屋配套商业设施私有化的负面影响逐渐显现，主要体现为：租金不断上涨，连锁品牌租户挤走小商户，使公租房居民生活成本提高，同时导致小商户失去经营机会，由此引发了社会较强不满情绪。例如 2010 年乐富广场重新装修后，租金立即上涨一倍。

---

① 见《21 世纪经济报道》2004 年 11 月 30 日报道《香港推首只房地产基金 房委会是否贱卖港人资产》。

三、公屋配套设施满足居民基本生活需求的功能被弱化

领展更改商户类型、分拆出售停车场、大规模出售零售资产，使公租房配套设施服务社区功能被明显弱化。香港公屋配套设施涉及公共利益，核心功能是满足公屋居民购物、停车等基本生活需求①。领展经营这些物业后，公共服务功能被弱化：商场目标客户转变为游客等高端消费人群，商户主要提供高档消费品，为社区居民提供生活必需品的功能下降②。同时，领展分拆出售停车场、将停车场月租改为分时租赁③，违背了附属停车场主要为公屋居民及访客服务的初衷。对于由于各种压力难以上涨租金的物业，领展通过出售实现所有权的转移与分散，增加了房委会的干预难度。

第四节 思考与启示

从商业角度看，领展 REITs 的发展较为成功，但公屋配套设施完全私有化后，其公共性受到较大冲击，对公屋居民生活产生一定负面影响。总结领展的发展历程，本书认为：

一、在依托公共资产发行 REITs 时，应注意公共性与经济性的平衡

公共性与经济性具有天然冲突，具有公共属性的资产私有化后，其公

---

① 根据《房屋条例》第4（1）条，香港房屋委员会（下称“房委会”）有责任“确保提供”委员会认为适合附属于房屋的康乐设施。

② 领展于2016年2月关闭天水围新市镇的天耀街市，改建为商场，附近居民如需光顾街市则需要改往更远的天盛街市或其他地方，引起一些地区团体批评“严重影响居民日常生活”。

③ 领展成功出售彩霞邨商场予大富基业后，彩霞邨部分停车场亦改变用途作安老院之用，同时取消固定车位，逼使住户与时租车位人士争用车位。2018年领展辖下的观塘晓丽苑固定车位月租由3380元加至3800元，涨幅达12.4%，高于房委会辖下停车场当年平均6%的涨幅。

共属性将被弱化。在依托公共资产发行 REITs 时，发起人可通过保留一定 REITs 份额、主导基金管理人和资产管理人等方式，来保持话语权，实现保障必要公共属性前提下的商业化运作。不过，公共属性的保留会在一定程度上影响经济效益的实现，这一情况政府与市场应有清晰认识。

二、管理能力提升和激励机制设计是保证运营效率的关键

REITs 的组织结构和管理模式没有绝对的优劣之分，管理能力提升和激励机制设计是保证运营效率的关键。当前内、外部管理模式之争是市场关注 REITs 规则制定的焦点之一，主流观点认为内部管理模式更有利效率提升，但香港的经验表明外部管理模式也具有较高的效率。领展通过引入策略伙伴、国际专业机构投资者提升管理水平，同时设置与股价挂钩的激励机制使管理人与基金单位持有人的利益趋于一致，通过特殊的组织结构设计，实现外部管理内部化，发展较为成功。我国境内在发展 REITs 产品时，可通过引入专业机构投资者、设置合理激励机制等手段来提高运营效率。

第六章

REITs 底层资产发展研究

REITs 的健康发展不仅需要拓宽底层资产类型，还需要兼顾风险和收益。境外 REITs 经过多年发展，已经积累了丰富的经验，值得学习借鉴。现阶段我国境内推出了基础设施公募 REITs 规则体系，但市场仍以私募 REITs 为主，其底层资产情况具有很强的代表性。分析境外公募 REITs 和境内私募 REITs 底层资产发展实践并总结经验教训，可为提高我国境内 REITs 资产端质量和管理能力提供镜鉴。

第一节　境外市场资产类型

一、美国 REITs 底层资产类型

美国 REITs 底层资产类型比较丰富，涵盖 12 大类。经过 60 多年发展，美国 REITs 底层资产已经囊括写字楼、工业物流、零售业、住房租赁、多元类、酒店、健康医疗、仓储、林地、基础设施、数据中心和特殊资产。具体来看，狭义基础设施 REITs 市值最大，金额高达 2196 亿美元，占比为 20%；住房租赁、工业类、零售类和数据中心 REITs 市值均过 1000 亿美元，占比均在 10% 以上，共计 46%；健康医疗、写字楼和仓储 REITs 市值均过 500 亿美元，占比均在 5% 以上，共计 22%；特殊

类、多元类、酒店和林地 REITs 市值较小，约 300 亿美元，共计 12%（如图 6－1 所示）。

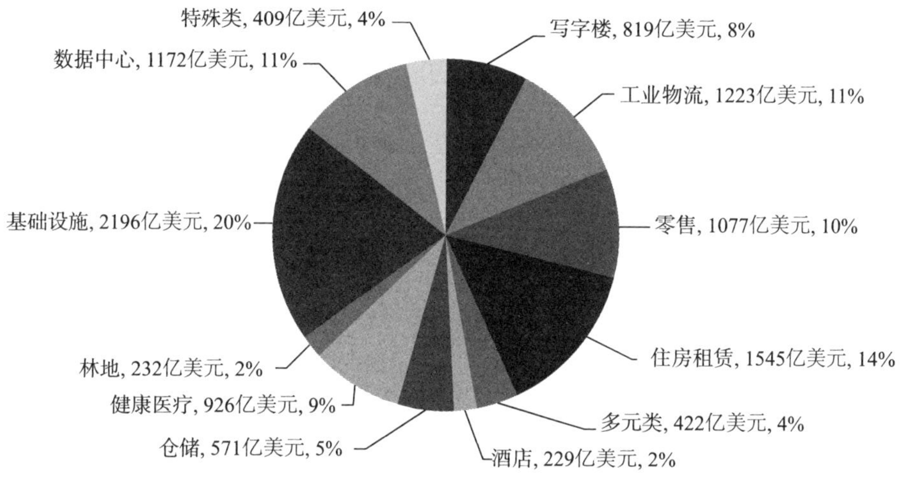

图 6－1　2020 年 6 月美国 REITs 行业分布

数据来源：作者根据美国房地产投资信托协会数据整理得到。

二、亚洲 REITs 底层资产类型

日本、新加坡和中国香港 REITs 仍处于发展阶段，其类型虽不如美国丰富，但也包括了物流、零售类、写字楼、健康医疗、酒店和公寓等类型。以中国香港为例，其底层资产类型较少，仅包括零售、多元类和酒店三类商业地产。这与香港家族企业掌控了多数商业地产，融资成本较低，且证券化动机不强高度相关。

截至 2020 年 6 月，香港共有 11 只上市 REITs，总金额共计 2149 亿港元。其中，零售类 REITs 一枝独秀，市值高达 1669 亿港元，占比为 78%；多元类和酒店 REITs 规模较小，占比分别为 20% 和 2%，共计 22%（如图 6－2 所示）。

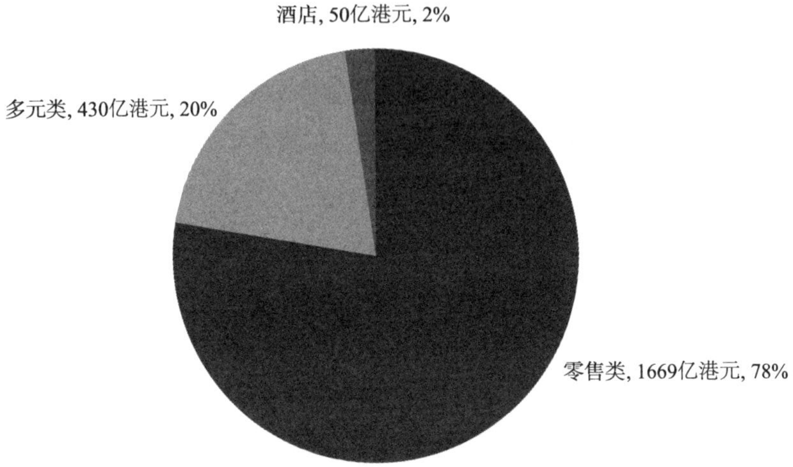

图 6-2　2020 年 6 月香港 REITs 行业分布

数据来源：作者根据彭博数据整理得到。

三、底层资产类型由市场需求驱动

（一）REITs 大多在房地产行业融资紧张时期推出

一是房地产市场承压阶段，通过 REITs 向房地产市场补充资金，解决房企融资问题，提升社会投资水平；二是房地产市场平稳阶段，推出 REITs 能够增强行业竞争力与资金吸引力。如美国在 1960 年推出 REITs，当年美国经济负增长、大量的房地产新增供应无法消化；中国香港在 2005 年推出 REITs，1997 年金融危机后香港房价暴跌，2005 年曾荫权出任特区行政长官，提出“房地产市场是香港经济的重要基础”，紧守“稳定楼市”政策（如表 6-1 所示）。

（二）底层资产类型高度依赖于发起人的融资需求

香港特区大家族掌握着绝大多数商业物业，据 2011 年美国财经杂志《福布斯》统计，香港特区 40 大家族的总资产，大约占香港全年生产总值

表 6－1　　各国 REITs 推出时机

房地产市场承压阶段	美国（1960 年）：第二次世界大战后，美国经济负增长、大量的房地产新增供应无法消化	澳大利亚（1971 年）：经济恶性滞胀、失业率高企、通货膨胀率攀升，房地产交易量严重减少
	日本（2001 年）：20 世纪 90 年代中后期，经济负增长，房地产市场长期低迷	新加坡（2002 年）：亚洲金融危机余波未散，银行坏账高企，民众不愿投资房地产市场
	法国（2003 年）：2000 年后，新商品房销售总量一直小幅负增长	中国香港（2005 年）：1997 年金融危机后，香港房价暴跌
房地产市场平稳阶段	英国（2007 年）：地产市场平稳上升，推出 REITs 以吸引地产投资	德国（2007 年）：地产市场较平稳，满足国内市场需求，增强房地产市场的多样性

资料来源：保利投顾研究院。

的 69%，多年来香港 10 年期政府债券收益率约为 2%～4%，家族企业因具有较好的信誉，其融资需求和成本并不高，无须通过 REITs 融资，当前中国香港仅有 11 只上市 REITs。而美国商业地产体量较大，不同业态主体融资能力差异明显，融资需求旺盛。以美国基础设施为例。2007 年国税局确认了 REITs 底层资产可包含基础设施，2008 年金融危机之后，美国通过投资基础设施刺激经济增长。但长期积极的财政政策和宽松的货币政策导致政府财力不足，资金缺口较大。根据美国土木工程师学会统计，2017—2021 年美国仅地面交通系统的年均投资资金缺口达 1100 亿美元。截至 2020 年 6 月，狭义基础设施 REITs 市场规模达到 2196 亿美元，占 REITs 总规模的比重为 20%。

在香港特区，只要有足够的融资需求，REITs 就可以健康发展。如香港房屋委员会为了补充公租房的建设资金，分拆旗下公屋配套商业和停车场，成立领展 REITs，2020 年 6 月市值高达 1307 亿港元，占中国香港 REITs 市场的比重为 60%。对于中国内地政府和房地产行业参与者来说，在公有住房和保障住房集中规划背景下，领展 REITs 能够为有效运营公租房配套商业，寻找合适投资退出渠道，提供有益参考。

第二节 境外市场底层资产特征

一、境外市场资产收益率

（一）美国 REITs 底层资产收益率

REITs 收益率包括持有期间分红和增值两部分，但长期更强调租金表现。REITs 兼具金融和不动产属性，与资本市场和不动产市场的表现均相关。从美国的长期实证研究来看，短期和即期 REITs 收益与股票市场的相关性很大。长期和跨期 REITs 收益与实体不动产的相关性更大，这符合 REITs 强调长期租金收益的特征。因此，底层资产收益率应以分析租金回报率为主。

美国 REITs 分红收益率较高，不同类型 REITs 差异较大。具体来看，REITs 底层资产丰富、运营能力强，2019 年分红收益率平均为6.54%，比 10 年期国债收益率高了4.64%。分品种来看，基础设施 REITs 分红收益率高达14.92%；零售类、多元类、酒店和健康医疗次之，为 5%~10%；仓储、公寓和产业类，为 3%~5%；写字楼最小，为 3.62%（如图 6－3 所示）。

资本增值收益率变化较大，但美国 REITs 投资回报率长期仍受益于资本增值。以美国为例，2000—2019 年，美国权益型 REITs 年收益率为10.75%，其中租金形成的回报率年均 5.44%，占比仅为 51%；资本增值形成的回报率年均 5.31%，占比高达 49%（如图 6－4 所示）。从各年份看，分红收益率变化不大，在 3%~10% 之间波动，大多年份分红收益率高于 5%。资本增值收益率波动幅度较大，介于－41%~29%，多数年份都可以获得 20% 左右的收益。次贷危机对 REITs 造成了严重的冲击，2007 年和 2008 年其资本增值收益率分别为－21% 和－41%，而 2009 年美国不动产复苏，REITs 资本增值收益率转正，当年达到 11%。

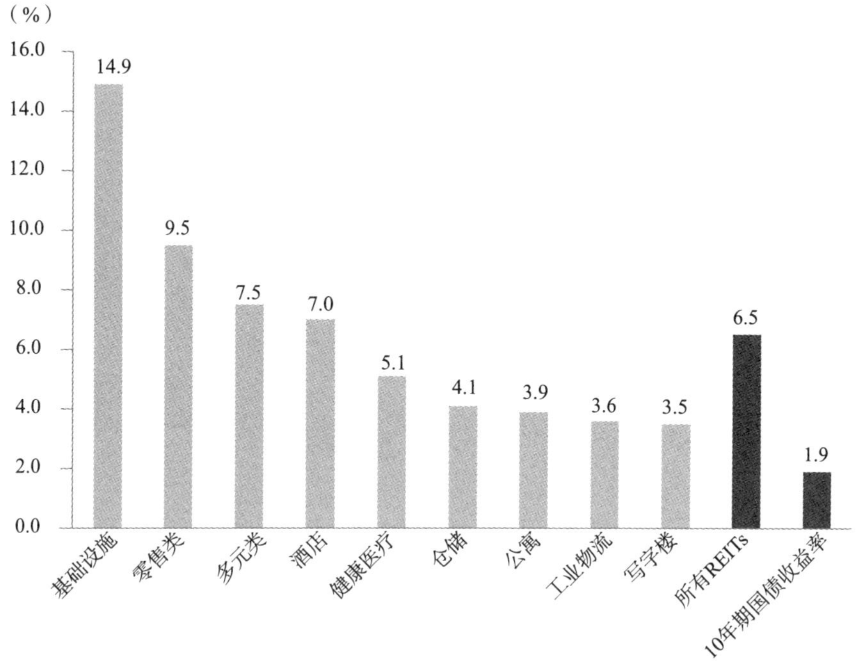

图 6－3　2019 年美国 REITs 收益率

数据来源：作者根据美国房地产投资信托协会网站数据整理得到。

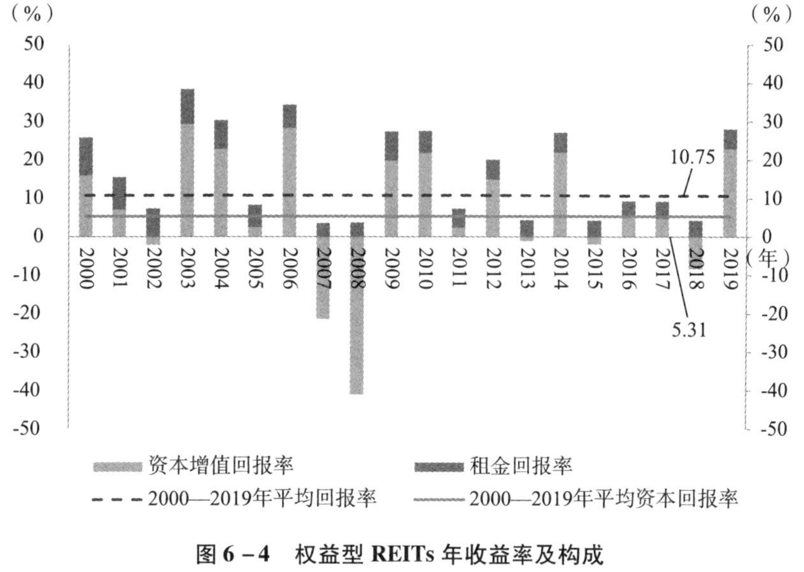

图 6－4　权益型 REITs 年收益率及构成

数据来源：作者根据美国房地产投资信托协会网站数据整理得到。

（二）亚洲 REITs 底层资产收益率

2019 年亚洲 REITs 的分红收益率仅为 5.9%，比美国收益率稍低。新加坡、中国香港和日本收益率分别为 8.9%、8.2% 和 4.6%，分别比 10 年期国债收益率高 7.2%、6.4% 和 4.62%。以日本为例，分类型来看，酒店 REITs 的分红收益率最高，达到 6.8%；零售类、多元类、住宅、办公楼和医疗保健 REITs 的分红收益率介于 4.1%～4.9%；工业物流的分红收益率较低，仅为 2.9%（如图 6－5 所示）。在日本利率环境偏宽松环境下，REITs 分红收益率仍具有一定吸引力，尤其是酒店 REITs。

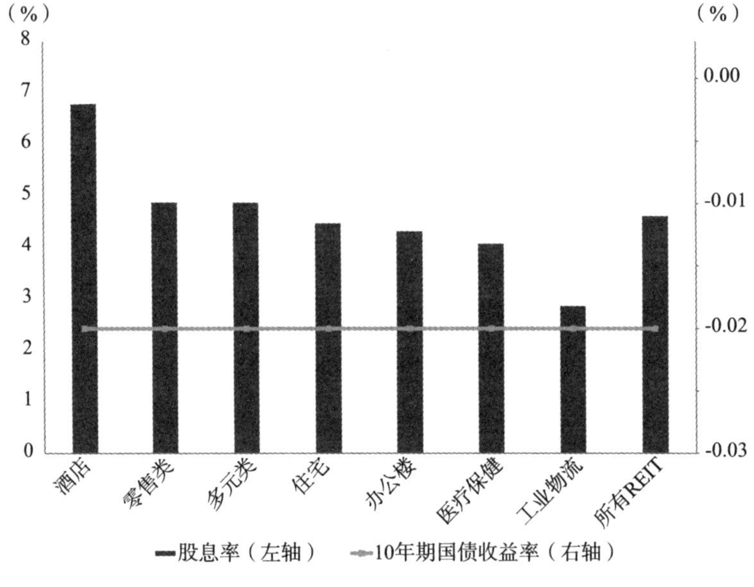

图 6－5　2019 年日本 REITs 分红收益率

数据来源：彭博（Bloomberg）。

稳定的分红收益率、波动的资本增值收益率是 REITs 的重要特征。2019 年亚洲共有 169 只可投资的 REITs，平均投资回报率为 22.5%，其中分红收益率为 5.9%，资本增值收益占比为 73.8%。分经济体来看，2019 年日本和新加坡的投资回报率分别为 29.4% 和 25.8%，而分红收益率分别为 4.6% 和 8.9%，资本增值收益形成的回报率占比高达 84.4% 和 65.5%；

2019 年中国香港的投资回报率仅为 4. 3%，但分红收益率为 8. 2%，资本增值收益回报率为 -3. 9%。

（三）境外 REITs 底层资产收益率特征

1. REITs 分红收益率较高，与 10 年期国债收益率的差距较大

美国和亚洲 REITs 的分红收益率较高，介于 4%~9% 之间。美国权益型 REITs 底层资产丰富、资产运营能力强，2019 年分红收益率平均为 8. 9%，比 10 年期国债收益率高了 7. 2%。亚洲 REITs 在发放的股息情况如下：新加坡最高，中国香港次之，日本最低，2019 年收益率分别为 8. 9%、7. 2% 和 4. 6%，比 10 年期国债收益率高了 7. 2%、6. 4% 和 4. 62%。

2. 不同 REITs 的分红收益率与底层资产的标准化程度负相关

以美国 REITs 为例，2019 年基础设施 REITs 分红收益率最高，零售类、多元类、酒店、健康医疗 REITs 次之，仓储、公寓、工业物流、写字楼 REITs 最低，分别为 14. 9%、5. 1%~9. 5% 和 3. 5%~4. 1%。一般来说，底层资产标准化程度越高，市场风险越小，其运营仅能获得正常回报，因此写字楼和公寓等标准化 REITs 的收益率偏低，而基础设施等非标准化 REITs 的收益率偏高。

3. 租金回报率是底层资产能否成为 REITs 投资标的的关键

底层资产能否成为 REITs 投资对象取决于租金回报率，但 REITs 长期投资回报率仍受益于资本增值。从美国、新加坡、中国香港和日本的经验来看，分红收益率长期较为稳定在 5% 左右，而资本增值收益率取决于 REITs 底层资产价格的变化情况和金融市场相关因素，不确定性较大。

二、境外市场资产分散度

（一）美国 REITs 底层资产分散度

1. 底层资产分散度较高

REITs 底层资产具有一定的分散度，资产个数大多在 10 个以上，分布

区域一般超过 5 个州（如表 6－2 所示）。以各种类型市值最小的 REITs 为例，林地 REITs 有 3 个底层资产，分布在美国 7 个州；基础设施 REITs 有 4 个底层资产，分布在美国 4 个州；写字楼 REITs 底层资产有 8 个，分布在美国 1 个州；公寓、零售、工业物流等其他类型 REITs 的底层资产个数均超过 10 个，分布区域介于 1～29 个州，大多分布在 5 个州以上。

表 6－2　　2020 年 6 月底美国 REITs 的底层资产分散度

REITs 类型	最大 REITs 资产个数	最小 REITs 资产个数	最大 REITs 分布地区	最小 REITs 分布地区
基础设施	180580 个	4 个	美国、亚洲、欧洲、中东和非洲	4 个州
零售	235 个	48 个	37 个州＋5 个国家	11 个州
多元类	3836 个	14 个	50 个州	2 个州
健康医疗	1526 个	73 个	美国、加拿大和英国	4 个州
酒店	80 个	12 个	美国和 5 个国家	8 个州
自助仓储	2738 个	13 个	38 个州和西欧 7 国	6 个州
公寓	276 个	54 个	12 个州	13 个州
写字楼	304 个	8 个	7 个州	1 个州
工业物流	4037 个	301 个	19 个国家	29 个州
数据中心	210 个	24 个	5 个地区	6 个州
特殊类	32 个	237 个	13 个州	16 个州
林地	1100 万英亩	150 万英亩	18 个州和加拿大	6 个州

数据来源：作者根据美国 REITs 年报整理得到。

2. 底层资产分散度波动性大，且不同类型资产分散度差异较大

各类型市值最大和最小 REITs 的资产分散个数之比介于 0～45145，大多在 20 以内。如，市场最大的自助仓储 REITs 约有 2738 个底层资产，分布在美国 38 个州和西欧 7 国，底层资产高度分散；而市值最小的自助仓储 REITs 仅 13 个底层资产，分布在美国 6 个州。

健康医疗、自助仓储和工业物流 REITs 容易分散，而酒店、写字楼 REITs 并不容易分散。其中，市值最大的酒店和写字楼 REITs 底层资产有 80 个和 304 个，而健康医疗和自助仓储 REITs 底层资产有 1526 个和 2738

个。一般来说，酒店和写字楼相比于健康医疗、自助仓储和工业物流而言，通常位于城市的核心地段，估值较高，分散度难以有效提升。

（二）亚洲 REITs 底层资产分散度

1. 亚洲 REITs 底层资产分散度较高，但较美国低

不同行业 REITs 资产个数和区域分布分散，亚洲 REITs 底层资产至少有 6 个，大多分布在 3 个以上地区，小于美国 REITs 的资产分散度。市值最大 REITs 的底层资产分散度差异比较明显。美国市值最大的写字楼和健康医疗 REITs 底层资产分别为 304 个和 1526 个，分别分布在美国 7 个州和 3 个国家；而亚洲市值最大的写字楼和健康医疗 REITs 底层资产分别为 74 个和 53 个，分别分布在 6 个和 18 个地区。究其原因，是因为美国 REITs 采用了 UPREITs 结构（如图 6－6 所示），在产权人将不动产出售给合伙企业时不需要缴税，直到 REITs 参与人将合伙单位（OP）出售以换取 REITs 股份或现金时才需要缴纳税金。此外，经营型合伙企业的 OP 是不需要股利分红的，合伙企业的持有人可以使用 OP 单位的留存收益购买其他资产，从而灵活扩大 REITs 规模。但亚洲市场采用 UPREITs 结构并无税收优惠，其底层资产收购行为受限。

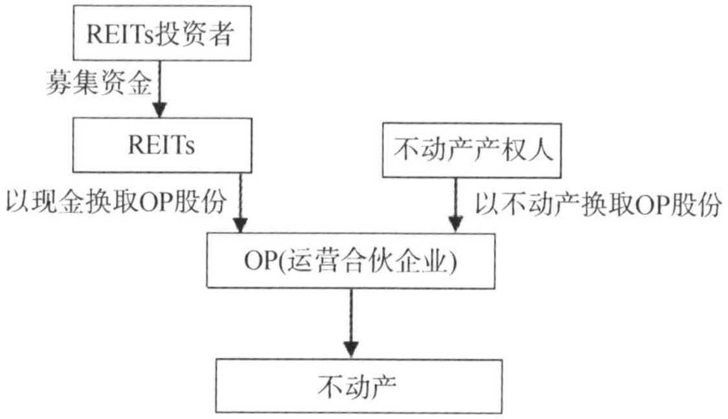

图 6－6　美国 UPREITs 结构

资料来源：作者根据美国房地产投资信托协会网站数据整理得到。

2. 底层资产分散度与公司自身经营行为和选择高度相关

工业物流和健康医疗 REITs，市值最小的底层资产个数分别为 18 个和

36 个，分别分布在 1 个和 5 个地区；而市值最大的底层资产个数分别为 200 个和 53 个，分别分布在 4 个地区和 18 个地区。而公寓、零售产业、多元类和写字楼类市值最大与市值最小 REITs 的资产个数之比介于 1 ~ 21，大多在 9 以内，不同类别 REITs 的底层资产分散度差异很大（如表 6 – 3 所示）。由此可见，REITs 底层资产分散度更多体现公司自身选择行为，与规模并不完全相关。

表 6 – 3　　2020 年 6 月底亚洲 REITs 的底层资产分散度

REITs 类型	最大 REITs 资产个数（个）	最小 REITs 资产个数（个）	最大 REITs 分布地区（个）	最小 REITs 分布地区（个）
公寓	272	107	40	6
零售产业	126	6	7	6
多元类	299	31	6	4
工业/物流	200	18	4	1
写字楼	74	12	6	4
酒店	88	14	39	3
健康医疗	53	36	18	5

数据来源：作者根据日本、中国香港、新加坡 REITs 年报整理得到。

（三）境外 REITs 底层资产分散度特征

1. 底层资产分散较高

第一，REITs 底层资产分散较高，但不同类型的底层资产分散度有差异。通常情况下，美国和亚洲 REITs 的底层资产个数大多在 10 个以上，分布在 3 个以上不同的地区，而酒店、零售产业、写字楼等估值较高 REITs，其底层资产一般难以分散。

第二，REITs 底层资产分散度波动性较大。亚洲公寓、零售产业、多元类和写字楼类别市值最大与市值最小 REITs 的资产个数之比大多在 9 以内；美国市值最大与最小的各类 REITs 底层资产个数之比大多在 20 以内。

2. 底层资产分散优势明显

第一，资产分散度较高的 REITs 在运营中具有明显规模经济优势。其理由大致归结为以下四点：一是底层基础资产的扩大能够有效提升 REITs 融资能力及降低融资成本，并提高 REITs 把握更多收购机会的能力；二是规模经济的“学习效应”会带来 REITs 管理人行政和管理费用的减少（Bers & Springer，1998），部分大型 REITs 在物业管理费用上也有一定程度的削减（Capozza & Seguin，1998）；三是大型 REITs 拥有更高质量和专业的管理能力，可以获得更优质的底层资产和客户资源，其资产增值和租金增长速度更快；四是跨区域经营发展有利于企业拓展新市场，树立品牌，也容易获得跨市场、低成本运营的优势。以美国西蒙 REITs 为例，自 1993 年以来西蒙已经并购了超过 250 亿元的底层资产，其主营业务收入与底层资产出租面积的关联度达到 95% 以上。

第二，资产分散化能够在一定程度上降低风险。一是由当地就业或土地供应限制造成的经济冲击，很容易传播到临近地区，使相邻两地的房地产价值同时受到影响。当分布区域增加时，风险会相应减少。Z Adams，R Füss & F Schindler（2015）发现，美国金融危机期间，底层资产地理位置相近（60 公里）的 REITs 风险比距离较远（250 公里）的 REITs 高出 33%，但当所有的底层资产超过 250 英里时，风险下降速度缓慢。二是底层资产个数较多时，当某个底层资产由于非系统性原因出现经营困难或天灾人祸等不可抗力因素时，对 REITs 的租金收入和估值总体影响有限。三是底层资产增加时，不仅能够提高基金单位或股票的流动性，降低流动性风险，还能一定程度上降低 REITs 的资产负债率，优化资本结构。

3. 底层资产分散度有制度支撑

第一，境外 REITs 产品采用契约或公司形式，有持续扩大规模、优化资产组合管理的需求，且其制度允许 REITs 根据自身需求不断地兼并重组新的底层资产。以契约型越秀 REITs 和公司型西蒙 REITs 为例。中国香港越秀房托在运营中收购了广州国际金融中心、新都会大厦（已出售），武汉越秀财富中心，上海越秀大厦，杭州维多利商务中心收购价款共计

194.26 亿元，为越秀房托基金初始资产规模的 4.55 倍，资产个数从上市时的 4 个增长到 8 个，区域分布也从广州扩张到上海和武汉地区。美国西蒙 REITs 也从上市时的 114 个资产增长到 2017 年的 490 个。

第二，境外法律法规允许 REITs 通过发行基金单位或股票和银行贷款筹集资金，收购底层资产。融资渠道的畅通，使 REITs 管理人收购底层资产行为更有保障。如中国香港越秀 REITs 收购武汉越秀财富中心 67% 的股权时支付 22.81 亿元，其中 12.22 亿元来自银行贷款，占比达 54%；收购广州国际金融中心时支付 134.4 亿元，其中 78.35 亿元通过发行基金单位募集，12.15 亿元来自银行贷款，融资规模占比达 67%。

第三节　境外市场资产发展的风险

一、美国 REITs 底层资产面临的风险

美国 REITs 底层资产运营过程中主要面临三种风险，即利率风险、房价下行风险和高负债风险。

（一）利率风险

对 REITs 而言，宏观风险表现为经济不景气和利率上行风险。宏观经济不景气会对商业地产市场造成不利影响，可能体现在以下三个方面：一是写字楼及商场楼面需求减少，空置率上升和租金下行；二是租户准时支付租金的能力下降，违约率上升；三是流动资金减少，融资较为困难。不过宏观经济不景气风险并不经常存在，市场上更多关注的仍是利率上行风险。

宏观经济平稳运行时，利率上升会导致 REITs 的经营效益下降，主要原因有三个方面。其一，利率上行使 REITs 财务成本增加，会导致其运营

收益减少以及资产组合管理难度加大。据 Nareit 统计，2000 年至 2020 年 6 月利息费用占营运收益的比重介于 22%～38% 之间，因此利率的上行会对财务成本造成较大影响。其二，REITs 估值基础是底层资产租金收入的折现值，利率越高，未来现金流的折现价值越低。利率上行周期往往会给 REITs 估值带来较大的下行压力。其三，利率上行导致其他证券产品的收益率提升，投资者可能转向国债、股票等产品，REITs 的吸引力和价格下降。如，2015 年美国经济仅增长 2.16%，2015 年 2 月 2 日至 6 月 10 日 10 年期国债收益率从 1.68% 上升到 2.50%，导致权益型 REITs 年均收益率下降 24%（如图 6－7 所示）。

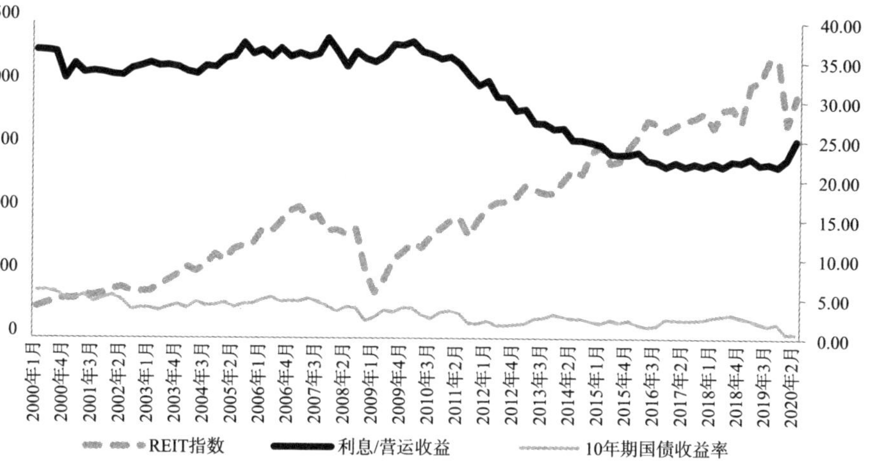

图 6－7 美国 10 年期国债收益率与权益型 REITs 指数

数据来源：作者根据美国房地产投资信托协会网站数据整理得到。

（二）房价下行风险

商业地产处于下行周期时，REITs 底层资产风险较大。房价小幅下降对估值和租金的影响有限，而房价大幅下降时，资产估值和租金明显降低，REITs 收益率下行压力陡增。此外，REITs 还具有金融属性，由于投资具有羊群效应，其还会面临集中抛售风险，收益率降幅更大。2008 年金融危机期间，美国商业地产 NCREIF 指数下降了 15% 左右，而 MSCI 中的

REITs 指数、全美房地产投资信托基金协会的 FTSE NAREIT、美国最大的房地产信托基金 ETF 产品收益率下跌约 70%（如表 6 - 4 所示）。

房价下行导致 REITs 收益率下降，主要有四方面原因：一是净资产价值下降会严重影响投资者情绪，REITs 面临集中抛售和流动性不足风险，交易价格明显下降；二是房地产租金收入和出租率下行压力增大，REITs 运营效益不佳；三是高负债率 REITs 资金链容易断裂，可能会低价出售底层资产，利润进一步削减；四是对中国香港和新加坡 REITs 而言，杠杆率还会面临因估值下降，导致其超过规定上限的问题，若强制偿还负债，则会产生破产清算等风险。

表 6 - 4　　美国 REITs 指数和 ETF 产品变化情况

美国 REITs 指数	2007 年 2 月	2009 年 3 月	变化幅度（%）
MSCI 中 REITs 指数	1329	345	-74.04
FTSE NAREIT 指数	632	191	-69.78
VNQ（REITs 的 ETF 产品）	87	20	-77.01
GGP（最大的 REITs）	50 美元	18 美分	-99.64

数据来源：作者根据美国房地产投资信托协会网站数据整理得到。

（三）高负债风险

高负债 REITs 的收益波动幅度偏大，经济下行时会产生较大风险。商业地产估值较高，美国 REITs 在经营过程中会存在很多兼并收购行为，需要大量的资金支持。由于美国并未对 REITs 的杠杆率做出限制性规定，导致众多 REITs 过度使用杠杆进行负债融资。一方面，高杠杆经营 REITs 的收益率更高，2000—2011 年，NAREIT REITs 指数（有杠杆）增长了 280%，远大于 NAREIT 纯地产指数（没有杠杆）的 170%。另一方面，高杠杆经营 REITs 的风险更大，NAREIT REITs 指数在 2007 年 2 月至 2009 年 3 月下降了 84%，大于 NAREIT 纯地产指数（没有杠杆）的 78%（如图 6 - 8 所示）。

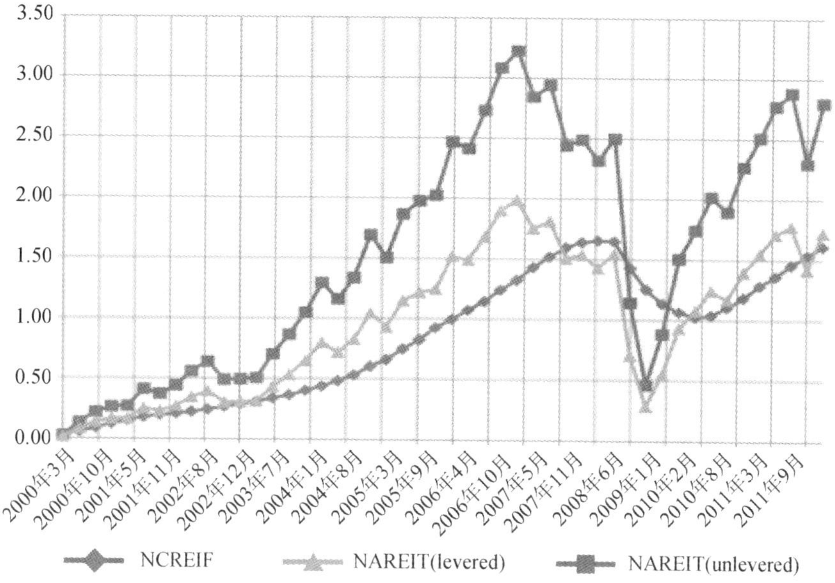

图 6－8　REITs 指数累计变化情况

资料来源：作者根据美国房地产投资信托协会网站数据整理得到。

高负债经营会放大风险的原因主要有以下三点：一是负债率较高，REITs 管理人资金较为充裕，扩大资产规模所受限制较少，往往存在过度建设的风险；二是利率上升会增加 REITs 的财务负担，摊薄租金收入，尤其在经济下行时更为严重，如美国权益型 REITs 在金融危机发生时，利息费用占营运收入的比重约为 36%；三是经济形势不景气时，高负债 REITs 现金流趋紧，面临较大的偿债压力，而底层资产的变现能力较弱，容易产生流动性风险。

金融危机后，美国不断降低 REITs 负债率。金融危机发生前，以账面价值衡量的资产负债率一直维持在 57%，但 REITs 市场价值大幅下降，以市场价值衡量的资产负债率大幅上升，从 2008 年 9 月的 49% 跳升到 2009 年 3 月的 67%。金融危机后，市场参与主体普遍认识到 REITs 高杠杆经营所带来的风险，其资产负债率一直处于下降趋势，以账面价值衡量的资产负债率从 2008 年第一季度的 58% 下降至 2017 年第四季度的 48%，共下降 10 个百分点，此后一直维持在 50% 左右，2020 年第二季度为 51%；以市场价值衡量的资产负债率从 2009 年第一季度的 65% 下降至 2017 年第四季度的 32%，共下降 33 个百分点，此后一直低于 40%，2020 年第二季度为 36%（如图 6 –9 所示）。

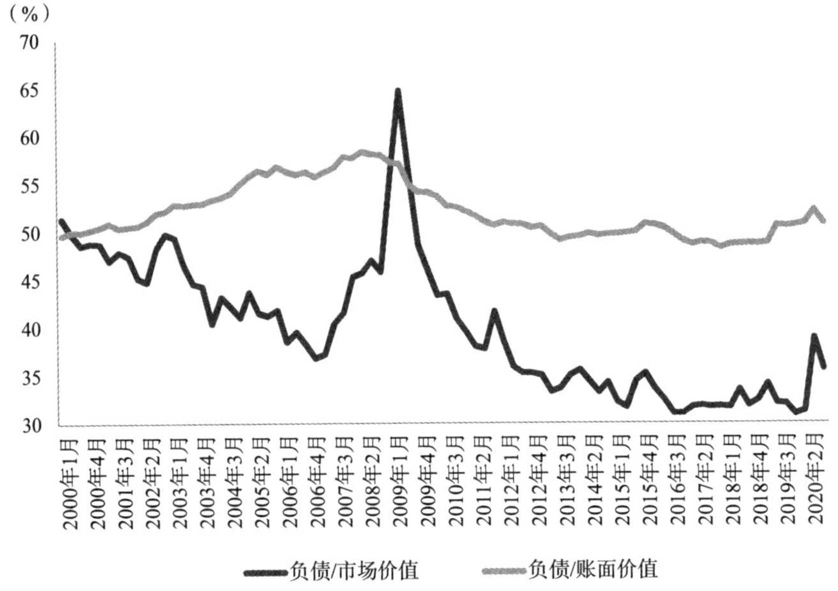

图 6 –9　美国 REITs 资产负债率

数据来源：作者根据美国房地产投资信托协会网站数据整理得到。

二、亚洲 REITs 底层资产面临的风险

新加坡、中国香港和日本经济并不如美国稳健，且采用外部管理模式，其委托—代理和租金下行风险偏高。

（一）委托代理风险

商业地产运营较为复杂，亚洲多数经济体规定 REITs 采用外部管理模式，即 REITs 管理人需要聘请专业的不动产运营公司，因此商业地产会产生委托—代理风险。

外部管理模式下，REITs 管理人容易产生道德风险和逆向选择问题，规模较大的 REITs 表现更为明显。外部管理人一般规模较大，不仅能够有效提供资源、人才和较大的市场影响力，还能根据市场形势变化在大平台上快速交易底层资产。因此，外部管理模式比较适用于较小规模的 REITs，但其在实践中仍然存在三大风险。

第一，外部管理会产生“委托—代理”问题，产生道德风险。REITs 投资者、管理人和托管人分别为以投资收益、管理费和托管费的最大化为目标，目标的不一致极易产生利益冲突。以外部管理人为例。外部管理人的利益由两部分组成：净资产价值一定比例的收费和达到某一业绩要求时的奖金。这种激励模式下，外部管理人不仅会扩大公司规模以增加管理费，还可能为了短期业绩放弃长远利益。

第二，REITs 管理人掌握的信息多于投资者，在签订契约时可能会存在逆向选择问题。投资者倾向于选择具有专业运营水平和道德水准的管理人来运营资产，但运营水平和道德水准都属于私人信息，普通投资者无法准确掌握。部分管理人倾向于隐瞒真实信息，通过追求短期业绩方式夸大管理水平，误导投资者。

第三，外部管理人时间和精力不足。外部管理人可能会负责多个 REITs，不能集中时间和精力运营某个项目。而内部管理人专心运营一个项目，持续的资产组合管理能够实现较大的租金回报。

REITs 规模较大时，外部管理效果不佳。除中国香港、新加坡和日本法律明确规定采用外部管理模式外，美国和澳大利亚大多数产品均采用了内部管理模式，其外部管理的 REITs 金额占比仅为 3% 和 10% （见表 6 - 5）。但哪种模式下 REITs 表现更好，与规模有关，一般来说规模较小时，采用外部管理有优势；规模较大时，采用内部管理有优势。以美国市场 REITs 回报率为例。2012—2016 年，内部管理模式下 REITs 投资回报率为 10.45%，比外部管理 REITs 高出 240 个基点；但市值在 20 亿美元以下的 REITs，外部管理表现更优秀，投资回报率为 10.02%，比内部管理高出 150 个基点。

表 6－5　　内外部管理的数目和金额占比

市场	美国	澳大利亚	中国香港	新加坡	日本
内部管理数量（只）	169	19	0	0	0
外部管理数量（只）	26	14	8	37	45
外部管理金额占比（%）	3	10	100	100	100

数据来源：SNLFinancial，SNL XL Database，2017 年 8 月，不包括不交易或私募 REITs。

（二）租金下行风险

REITs 资本增值和分红收益高度依赖于底层资产的租金收入，租金下行时，REITs 收益率将面临较大风险。P/FFO 是境外投资者评估 REITs 价值的重要指标①，经营现金流下降导致 REITs 估值下降，REITs 价格承压。在 REITs 管理人的资产运营能力下降或经济不景气时，容易产生此类风险。如，美国 2000 年和 2008 年经济不景气时，伴随着单位租金和出租率的下滑，营运现金流大幅减少，REITs 收益率承压（如图 6－10 所示）。通常来说，REITs 的租金主要取决于运营能力、地段、租户质量和续租率等指标，关注这些指标对于预判租金下行风险很有必要。

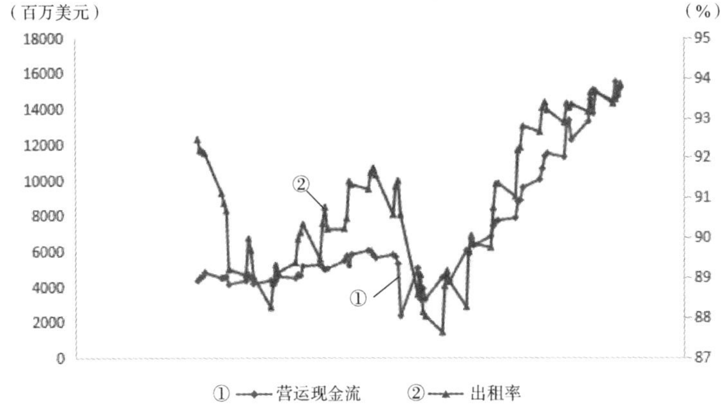

图 6－10　REITs 营运现金流和出租率

数据来源：作者根据美国房地产投资信托协会网站数据整理得到。

① REITs 基础资产价值随着时间推移而增长，且基础资产销售收入为非经常收入，非 REITs 应税收入，不强制分红，不应计入价值和业绩衡量标准。因此，美国 NAREITs 采用 FFO（Funds from Operations，营运现金流量）指标衡量 REITs 基础资产价值，其计算公式为净收入＋折旧＋摊销－资产销售收入。在此基础上 P/FFO 可以用来衡量 REITs 的估值，其功能与 P/E 类似。

三、小结

REITs 底层资产运行中需要关注五种风险，即房价下行风险、租金下行风险、利率上行风险、高负债风险以及委托代理风险。

第一，利率上行和高负债运营风险均属于短期风险，存在于 REITs 运营的某个阶段，往往对 REITs 造成较大不利影响。

第二，租金下行属于中期风险，对 REITs 的分红影响较大。租金与 REITs 的资产运营能力和经济发展高度相关，短期内难以发生较大变化。

第三，房价下行和委托—代理风险均属于长期风险，需要重点关注房价下行问题。REITs 底层资产为不动产，具有明显的房地产周期属性，处于下行周期或萧条阶段时，单位租金收入和出租率明显下降，会对 REITs 价格和分红造成较大冲击。

第四节 我国私募 REITs 底层资产的现状和问题

一、底层资产类型

（一）覆盖类型及规模

我国私募 REITs 底层资产类型目前已覆盖七大种类，虽然与美国相比存在一定差距，但相较于目前的发展阶段而言，已较为丰富。截至 2020 年 6 月，我国累计发行 77 只、1536 亿元私募 REITs 产品，底层资产涉及零售物业、公寓、写字楼、多元类、酒店、物流和基础设施。零售、写字楼、多元类和公寓发行规模较大，分别为 543 亿元、246 亿元、209 亿元和 182 亿元，占比分别为 35%、16%、14% 和 12%。基础设施、物流和酒店发行规模较小，仅为 157 亿元、102 亿元和 97 亿元，占比分别约为 10%、7% 和 6%（如图 6－11 所示）。

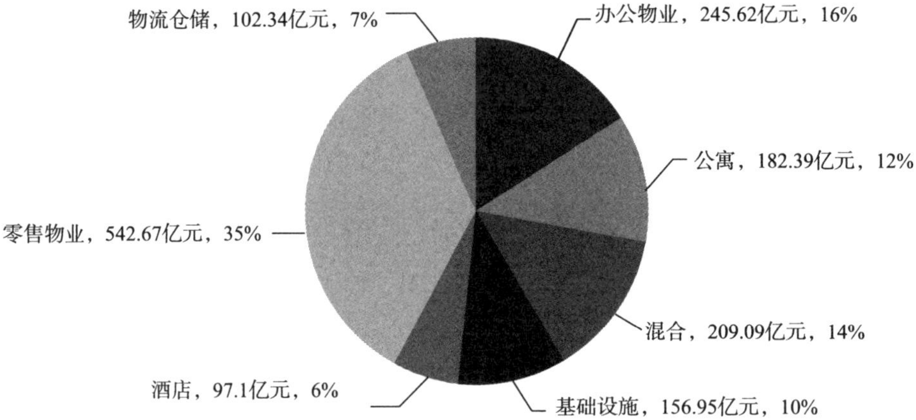

图 6－11 截至 2020 年 6 月我国私募 REITs 发行规模

数据来源：万得（Wind）。

虽然与成熟市场相比，底层资产类型不够丰富，缺乏健康医疗、仓储、林业和数据中心等业态。但与日本、新加坡和中国香港等 REITs 市场相比，目前所覆盖的资产类型已较为丰富。结合目前我国境内推出 REITs 产品面临较多困难的现状，可以看出，境内企业对于 REITs 这一产品需求是较为旺盛的，即使是私募 REITs 产品，市场尝试的意愿也较为强烈。

（二）底层资产尚未广泛覆盖的重点领域

虽然私募 REITs 底层资产已覆盖七种不同类型，但整体并不均衡，部分市场需求大且收益率高的资产覆盖力度还有待提升。结合市场环境，本书认为基础设施、健康医疗和部分公租房对 REITs 产品需求旺盛，同时有较高的收益率，未来有较大发展空间。

1. 基础设施领域

我国基础设施存量规模巨大，部分优质项目收益率较高，符合资金端需求，且契合国家发展战略。2013—2019 年，我国基础设施投资完成额总计 102.83 万亿元，平均增长率高达 10.35%，基础设施投资资金面临巨大需求（如图 6-12 所示）。目前存量基础设施项目中，很多优质项目的收益率较高，如高速公路、供电、供水等。以收费性公路为例，2017 年 1 月益常高速以 8.58% 的内部收益率成交，符合 REITs 产品的收益率要求。监管部门已经认识到探索基础设施 REITs 的必要性和重要性，因而以基础设施为着力点发展 REITs 市场更容易获得政策支持。

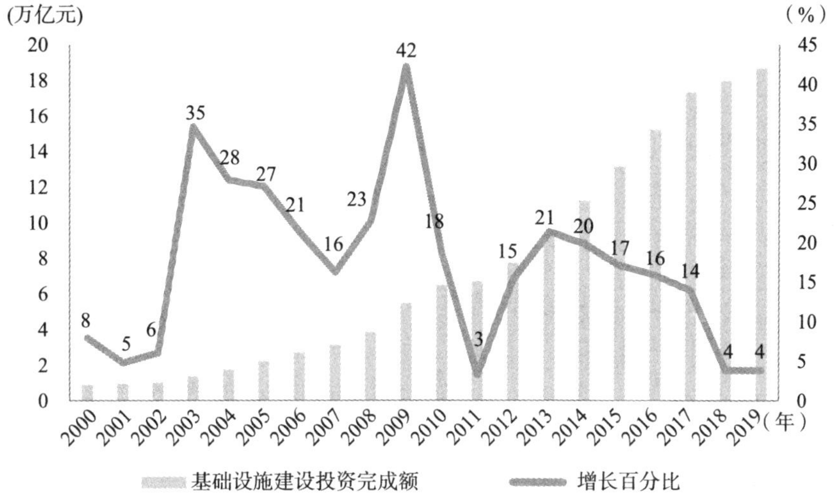

图 6-12 基础设施投资完成额及其增长情况

数据来源：万得（Wind）。

2. 健康医疗领域

健康医疗产业规模较大、收益率高，且融资需求旺盛。健康医疗 REITs 并不从事健康护理业务，而是将物业出租给从事健康护理和医疗相关的单位和公司。健康医疗类物业包括养老院、疗养院、医院，以及医学研发中心等。这类 REITs 与国家和地区的人口结构密切相关。随着我国进入老龄化社会，需要照料和特殊护理的老年人数量不断增加，对于健康护理、老年公寓类设施的需求也在不断增加。

党的十九大报告提出“要积极应对人口老龄化，构建养老、孝老、敬老政策体系和社会环境，推进医养结合，加快老龄事业和产业的发展”，这一阐述为未来老年社区和养老地产指明了方向。2016 年国务院印发《“健康医疗中国 2030”规划纲要》，提出健康服务业的规模将于 2020 年、2030 年超过 8 万亿元和 16 万亿元，未来市场规模巨大。从上市公司数据来看，截至 2020 年 6 月，医疗保健行业有 340 家上市公司，总市值达 6.75 万亿元。

3. 公租房领域

部分公租房收益率在 5% 以上，且融资需求旺盛，但 REITs 支持力度明显不足。公租房（含就业房、人才房等政策性租赁住房）是中国多层次租赁住房供应体系的重要组成部分，目前全国公租房已建成存量约 1300 多万套，投资额约 3 万亿元。公租房的未来增量亦很可观，从各个城市来看，广州根据国家 2020 年下达住房保障目标任务，新增筹集建设各类保障性安居工程住房约 16 万套；深圳 2020 年预计新增保障房近 3 万套等。该类资产中，一部分能够达到 REITs 的收益率要求。以广州为例，2020 年公租房标准租金平均约 28 元/平方米/月，以投资成本 7000 元/平方米计，资本化率约 4%。

二、底层资产收益率

基础设施、住房租赁以及商业地产的证券化依赖于收益率，收益率过低，则投资者需求不够旺盛，REITs 的市场规模难以做大。境外成熟 REITs 市场通常以分红收益率作为对 REITs 定价的一个核心指标，这体现了权益型 REITs 长期持有、具有权益性的商业逻辑。目前境内私募 REITs 由于债性较强，优先级产品享有固定收益，产品设计中没有分红收益率这一指标，更多考察的是物业的资本化率指标。北京大学光华管理学院《中国住房租赁 REITs 市场发展研究》报告中指出，资产的资本化率达到 5% 时，若不考虑杠杆，分红收益率也为 5%，加上未来租金增长率（约 3%）后，年化总回报达到 8%，由于还有充分的流动性，该回报可基本满足境内投资者对于 RETIs 产品收益率的要求。这一数值与笔者的调研情况基本吻合，故在本书的分析中，以 5% 为标准来分析境内资产的收益率是否符合未来 REITs 投资者的要求。

（一）传统底层资产的收益率

第一，住房的资本化率在 4% 以下，一线城市的资本化率不到 2%，未来开展 REITs 面临难度较大。具体如下，厦门、深圳、广州、上海、北京、天津、宁波和无锡的资本化率在 2% 以下；杭州、成都、大连和重庆的资本化率在 2%～3%；二线城市长沙、长春和贵阳的资本化率在 3%～4%，整体收益率偏低。这主要是因为房价上涨力度明显大于租金，导致资本化率不断下降。如，厦门近年房价涨幅巨大，与此同时，租金涨幅远小于房价涨幅，因此资本化率从 2016 年第二季度以来一直维持在主要城市中的较低水平，2020 年第三季度为 1.2%。（如图 6－13 所示）。

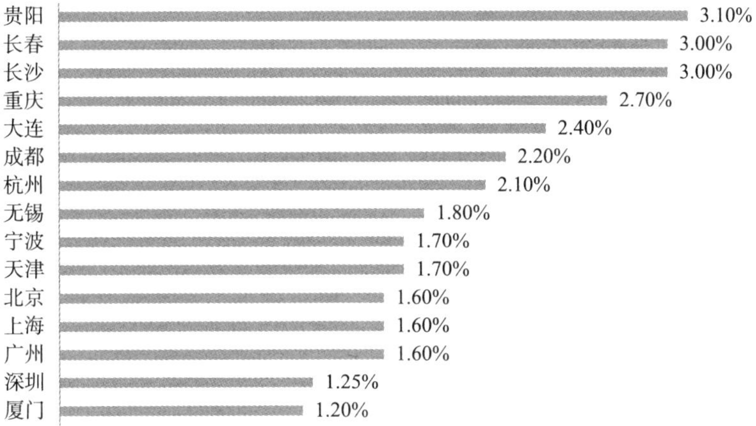

图 6－13　2020 年第三季度一线和部分二线城市资本化率

数据来源：万得、云房数据库、长江证券研究所。

第二，一线城市甲级写字楼和零售购物中的资本化率分别为 3.97% 和 4.50%，距离资本化率 5% 的分红标准仍有一定差距。据戴维斯测算，2020 年，北京、上海、深圳和广州的写字楼资本化率分别为 4.12%、4.37%、3.75% 和 4.12%，均不及 4.50%。从零售角度看，四个一线城市的优质零售购物中心资本化率分别为 4.5%、4.38%、3.75% 和 3.7%，也全部低于 5% 。未来房价难以上行背景下，预计租金仍保持缓慢增长，收益率或将继续下滑，开展 REITs 难度也会有所上升。

第三，酒店资本化率较低，大多城市达不到 3% 的要求，面临的市场约束较大。2016 年底全国重点旅游城市星级酒店资本化率仅为 0.09% ，其中仅三亚、上海、兰州、福州和厦门等城市回报率超过 5% ；深圳、张家界和北京等城市资本化率介于 4% ~ 5% ；广州、丽江、温州、哈尔滨等城市资本化率均小于 4% ；杭州、长沙、青岛以及无锡等城市资本化率为负数。

（二）健康医疗、物流、基础设施等资产的收益率

健康医疗、物流、基础设施和近期推出的城镇建设用地租赁住房资本化率依次递减，但均在 5% 以上。具体来看，一是据长城证券研究发现，对于以持有为主的养老地产，业内的普遍观点是 10 ~ 15 年的投资回收期，每年 8% ~ 10% 的回报率，因而能够满足 5% 的收益率要求。二是物流地产资本化率在 6.5% 以上，远高于住宅的 2% ~ 3% ，其主要原因在于物流地产供不应求的矛盾短期内难以缓解，其租金稳步提升，空置率持续下降。三是基础设施资本化率约为 6.5% ，相比美国 10.04% 的基础设施收益率偏低。2016 年和 2017 年，我国成交的 PPP 项目资本化率分别为 6.62% ~ 6.44% ，其中，市政工程、交通运输、城镇综合开发、保障性安居工程、水利建设以及政府基础设施等 PPP 项目资本化率介于 6.2% ~ 7.5% ，符合 REITs 的 5% 分红收益率的要求。四是近期推出的城镇建设用地租赁住房受到政府高度重视，土地拍卖价较低，预计资本化率在 5% 以上。如上海近期 6 块租赁用地成交楼板价在 5569 ~ 12762 元/平方米，约为周边楼面价的 1/9，预期租金收益率平均在 6.1% 。

三、底层资产分散度

由于我国境内私募 REITs 市场发展时间较短，且均为私募发行，与境

外成熟 REITs 相比，我国私募 REITs 底层资产个数较少、区域分布较集中。截至2020年，规模最大的各类产品资产个数介于1～19个，其中，多数产品资产个数小于12个。规模最大的产品资产分布在1～7个城市，多数分布区域小于4个。而规模最小的各类产品资产个数几乎均为1个，均分布在1个城市。具体来看，规模最大的酒店、基础设施和零售类 REITs 资产个数介于11～19个，分布在2～7个城市；规模最大的物流类 REITs 资产个数为6个，分布在6个城市，底层资产分散度分布适中。而规模最大的公寓、多元类和写字楼类 REITs 资产个数均为2个，分布在1～2个城市，其底层资产分散度不够（如表6－6所示）。

值得关注的是，我国规模最大的酒店类 REITs 为恒泰浩睿—彩云之南酒店资产支持专项计划，其底层资产主要为位于西双版纳旅游度假区的18个酒店，与一二线城市资产相比，西双版纳酒店资产的估值相对偏低，导致该产品的资产个数较多。

表6－6　　2020年12月底我国私募 REITs 底层资产分散度

REITs 类型	最大 REITs 资产个数（个）	最小 REITs 资产个数（个）	最大 REITs 分布地区（个）	最小 REITs 分布地区（个）
写字楼	2	1	2	1
工业/物流	6	1	6	1
多元类	2	1	1	1
公寓	2	1	1	1
酒店	19	1	2	1
零售购物中心	11	1	7	1
基础设施	15	2	3	1

数据来源：作者根据类 REITs 募集说明书整理。

四、底层资产面临的风险

当前我国境内私募 REITs 市场平稳运行，“公募基金＋ABS”结构的基础设施 REITs 产品尚未推出，无法从实际经验阐述底层资产面临的风险。因而本节关于风险的研究论证，主要基于总结境外 REITs 风险情况的经验，再结合我国宏观环境和相关市场规则展开。

（一）高杠杆风险

我国私募 REITs 和公募基础设施 REITs 产品对杠杆率的制度设计较为谨慎，当前并不存在高负债风险。一方面，私募 REITs 为封闭式私募产品，并不允许通过负债融资的方式收购底层资产，其资产负债率原则上为 0；另一方面，即将推出的公募基础设施 REITs 产品也会秉承谨慎负债原则，要求“借款用途限于基础设施项目日常运营、维修改造、项目收购等，且基金总资产不得超过基金净资产的 140%”。此外，用于基础设施项目收购的借款金额不得超过基金净资产的 20%，并需要制定完善的融资安排和风险应对预案。

事实上，适当的杠杆可以降低运营风险。我国多数写字楼、零售购物中心、租赁住房和酒店等收益率不高，如果 REITs 不允许进行负债融资，可能无法优化资产组合、错失良好的投资机会。部分资本化率较低的资产将无法通过资产管理提升其分红收益率，也无法满足投资者的需求。

（二）外部管理模式的委托—代理风险

无论是即将推出的“公募基金 + ABS”结构的基础设施 REITs 产品，还是现有的私募 REITs 产品，均采用契约组织形式，管理人都缺乏较强的资产管理能力。外部管理模式是当前可行的路径，不过容易产生委托—代理问题，存在逆向选择和道德风险。逆向选择前文已经阐述，此处不再赘述，此处将详细介绍道德风险。

第一，管理人存在偷懒的倾向。管理人报酬由两部分组成：净资产价值一定比例的收费和达到某一业绩要求时的奖金。这种激励模式下，管理人享有净收益的比例较低，当工作努力程度带来的收益低于额外报酬时，管理人存在偷懒的动机。同时商业地产运营较为复杂，投资者对管理人的监督效果较差，偷懒行为也更容易发生。

第二，管理人存在牺牲REITs长远利益、追求自身短期利益的动机。一方面，REITs管理人的报酬与净资产规模正相关，为了获得更大的利益，管理人可能不会以遴选优质资产、优化资产组合为目标，存在盲目收购底层资产的动机。日本REITs设立之初，就深受该问题的困扰。另一方面，为了获取更多奖金，管理人可能会牺牲REITs长远利益，更加偏好低成本、短期盈利的资产，以追求短期业绩。

第三，管理人存在以非市场价格交易底层资产追求利益的行为。REITs管理人在收购、处置、租赁底层资产或聘用物业管理公司时，可能存在关联交易行为，以较高价格或较低价格从关联方处收购或处置底层资产。其中集团自营型REITs（发起人创立REITs，并且成立了全资子公司作为管理人）管理人动机最为强。

第四，ABS管理人利益与公募基金管理人存在冲突。公募基础设施REITs架构下，REITs管理人对资产的运营管理负总责，ABS管理人更多承担辅助功能，且能够收取资产固定比例的管理费用。虽然公募基础设施REITs规则规定“基金管理人与基础设施ABS管理人存在实际控制关系或受同一控制人控制”，该种制度设计可以减少两者之间的利益冲突，但仍未界定清楚两者的管理边界。

（三）房价和租金下行的风险

商业地产价格虚高，未来下行风险仍存。2016年货币环境宽松与过度投资炒作叠加，商业地产价格上涨较快。2016年第三季度至2017年第三季度，办公楼的投资收益指数大幅度上升，大多城市从低于20%上涨到60%以上，其中上海从7.02%上涨到48%。以上海甲级写字楼为例，空置率从5.80%上升到7.30%，租金也从每平方米364元/月下降到310元/月，总租金下行了2.99%，但是办公楼售价上涨幅度在51%以上，未来下行压力仍存。此外，商业地产赴中国香港和新加坡发行REITs产品往往折价近15.65%出售（如表6-7所示），从侧面也反映我国境内商业地产价格虚高。

表 6－7　　　我国境内商业地产境外发行 REITs 折价出售概况

我国境内商业地产赴中国香港发行 REITs 折价情况						
REITs 名称	物业名称	城市	业态	评估值（亿元）	折价（%）	收购价（亿元）
越秀房地产投资信托基金	财富中心	武汉	综合体	24.03	5.10	22.81
	越秀大厦	上海	综合体	27.7	5.16	26.27
	国金中心	广州	综合体	153.7	12.56	134.40
	白马、城建、财富、维多利广场	广州	写字楼、零售	42.24	－0.97	42.65
	新都会大厦	广州	综合体	6.85	24.88	5.15
	总计			247.67	8.70	226.13
汇贤产业信托	东方广场	北京	综合体	314.1	20.39	250.06
	大都会广场	重庆	综合体	41.04	4.73	39.10
	海逸酒店	重庆	酒店	4.42	43.00	2.50
	丽都索菲特酒店	沈阳	酒店	11.13	11.95	9.80
	天府丽都喜来登酒店	成都	酒店	7.2	11.00	6.42
	总计			377.89	18.53	307.88
开元产业投资信托基金	开封酒店	开封	酒店	4.2	9.52	3.80
	杭州开元名都大酒店	杭州	酒店	43.82	33.82	29.00
	浙江开元萧山宾馆	杭州	酒店			
	杭州千岛湖开元度假村	杭州	酒店			
	宁波开元名都大酒店	宁波	酒店			
	长春开元名都大酒店	长春	酒店			
	总计			48.02	31.70	32.80
我国境内商业地产赴新加坡发行 REITs 折价情况						
北京华联商业信托	北京华联万柳购物中心	北京	零售	26.07	5.40	24.67
	华联成都空港购物中心	成都	零售			
	华联大连金三角店	大连	零售			
	华联合肥蒙城路购物中心	合肥	零售			
	华联西宁花园店	西宁	零售			

续表

我国境内商业地产赴中国香港发行 REITs 折价情况						
REITs 名称	物业名称	城市	业态	评估值（亿元）	折价（%）	收购价（亿元）
运通网城房地产信托	崇贤港投资	杭州	工业物流	63.58	20.45	50.58
运通网城房地产信托	崇贤港物流	杭州	工业物流	63.58	20.45	50.58
运通网城房地产信托	富恒仓储	杭州	工业物流	63.58	20.45	50.58
运通网城房地产信托	富卓实业	杭州	工业物流	63.58	20.45	50.58
运通网城房地产信托	恒德物流	杭州	工业物流	63.58	20.45	50.58
运通网城房地产信托	北港物流一期	杭州	工业物流	63.58	20.45	50.58
雅诗阁公寓信托	广州雅诗阁服务公寓	广州	服务式公寓	44.78	7.49	41.43
雅诗阁公寓信托	上海馨乐庭碧云服务公寓	上海	服务式公寓	44.78	7.49	41.43
雅诗阁公寓信托	西安馨乐庭高新服务公寓	西安	服务式公寓	44.78	7.49	41.43
雅诗阁公寓信托	苏州馨乐庭星海服务公寓	苏州	服务式公寓	44.78	7.49	41.43
雅诗阁公寓信托	武汉馨乐庭沌口服务公寓	武汉	服务式公寓	44.78	7.49	41.43
雅诗阁公寓信托	大连盛捷天城服务公寓	大连	服务式公寓	44.78	7.49	41.43
雅诗阁公寓信托	沈阳盛捷和平服务公寓	沈阳	服务式公寓	44.78	7.49	41.43
雅诗阁公寓信托	天津盛捷奥林匹克大厦服务公寓	天津	服务式公寓	44.78	7.49	41.43
雅诗阁公寓信托	上海徐汇盛捷服务公寓	上海	服务式公寓	44.78	7.49	41.43
总计				1488.44	15.65	1255.44

数据来源：作者根据中国香港、新加坡上市公司信息披露报告整理得到。

租金下行风险仍存。租金很大程度上依赖商业地产的供给和需求，若供给量过大，则商业地产租金价格和出租率都会下降。从 2014 年开始，我国办公楼和商业营业用房竣工面积不断增加，供给端压力不断增加。2014—2019 年，办公楼竣工面积均在 3000 万平方米以上，商业营业用房的竣工面积则在 10000 平方米以上（如图 6－14 所示）。而商业地产的需求端并不高，我国经济增速已从 2013 年以前的 10% 以上回落到 8% 以下。

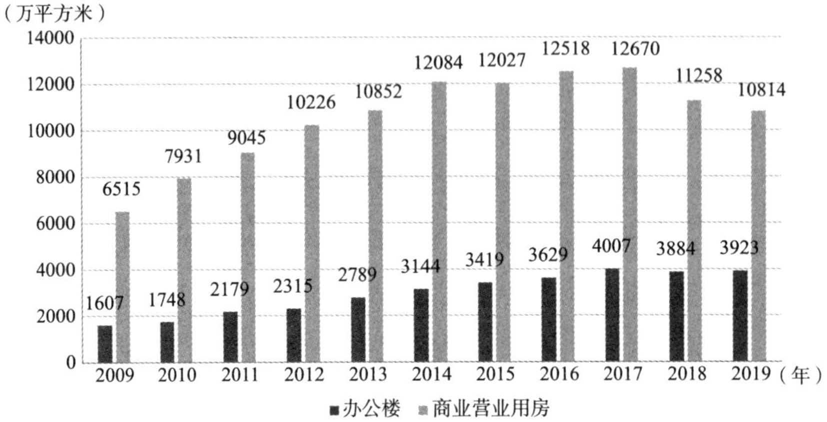

图 6－14　办公楼和商业营业用房的竣工面积

数据来源：同花顺。

（四）利率上行风险

从2007年至2020年看，10年期国债收益率波动幅度较大，其中，2008年1月至2008年9月、2013年9月至2014年9月，10年期国债收益率均在4%以上（如图6－15所示）。此外，2017年5月至2018年11月，

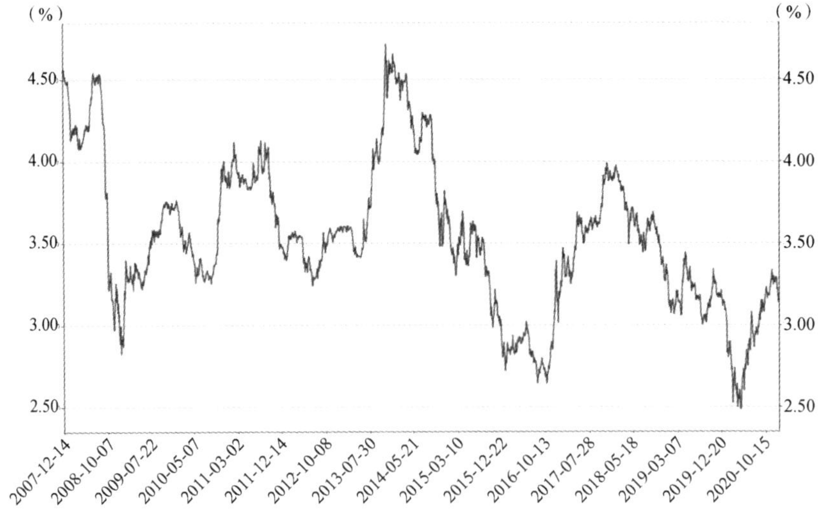

图 6－15　10 年期国债收益率概况

数据来源：万得。

10 年期国债收益率位于 3.5% 以上，在经济平稳运行状况下，较高的利率可能会大幅度降低 REITs 的收益率。经济平稳运行下，利率上行不仅造成商业地产估值下行，还会增加收购商业地产的财务成本，降低净租金收入。但利率上行风险在各国不同时期都普遍存在，保持合理的资产负债率才是长期应对之策。

第五节　我国市场底层资产存在的问题及原因

我国 REITs 底层资产存在类型不够丰富、较为集中等诸多痛点问题，只有厘清背后原因，才能更好地发展公募 REITs。

一、类型不够丰富的原因分析

（一）REITs 推出时间较短、以成熟商业地产为主

我国 REITs 处于起步阶段，推出时间较短。2014 年 4 月 25 日，我国首单私募 REITs“中信启航专项资产管理计划”推出，截至 2020 年 12 月底，推出时间才 6 年的，明显短于美国 60 年的发展历史。而私募 REITs 在国内亦属于新生事物，发起人、投资者、地方政府部门等市场参与主体还不够积极，目前其底层资产以成熟商业地产为主，投资对象为零售购物中心、公寓、写字楼、多元类、酒店和物流地产等。

（二）基础设施、公租房和健康医疗证券化仍有障碍

一是政府对产权的转移限制较多。与基础设施相关的资产、公租房和健康医疗均属于公共品领域，会对民生、社会产生较大影响，政府部门审批程序较长，部分地方还对相关股权转让设置了禁止性规定。部分公募基础设施 REITs 还涉及国有股权转让业务。实践中，各地政府还存在国有资

产流失风险的担忧，也进一步限制了相关业务的发展。二是基础设施项目中社会资本方转让股权需要承担企业所得税和印花税，税负水平较高，增加了资产证券化的成本。三是公租房的福利性质决定了多数项目收益率低于5%，在其他产品收益率高企背景下，难以有较大的市场吸引力和需求。

二、收益率偏低的原因

商业地产估值高、运营能力不强，导致部分零售地产和写字楼资本化率偏低，而发行私募 REITs 过程中也会面临较重的税负，进一步降低了 REITs 的收益率水平。其中，税负过重问题前文也有相关表述，此处不再赘述。

（一）商业地产的估值仍然偏高

第一，我国境内商业地产价格偏高，1999—2016 年增长率仅次于中国香港。18 年间中国香港商业地产价格指数增长了 4.27 倍，年均复合增长率高达 9.67%；我国境内和美国商业地产价格指数增长了 1.94 倍和 1.32 倍，年均复合增长率分别为 6.17% 和 4.77%；日本和新加坡商业地产价格指数年均符合增长率分别为 1.86% 和 1.74%（如图 6-16 所示）。实践中，我国境内商业地产赴中国香港和新加坡发行 REITs 通常折价出售，也验证了我国境内商业地产价格偏高的结论。

我国境内商业地产赴境外发行 REITs 产品，平均折价 15.65% 以提升收益率。具体来看，越秀、汇贤以及开元 REITs 在中国香港上市交易，我国境内商业地产折价出售幅度分别为 8.7%、18.53% 以及 31.70%。而北京华联、运通网城以及雅诗阁公寓 REITs 在新加坡上市，我国境内商业地产折价出售幅度分别为 5.40%、20.45% 和 7.49%（如表 6-7 所示）。部分单项商业地产折价幅度更大，如重庆海逸酒店折价 43%。

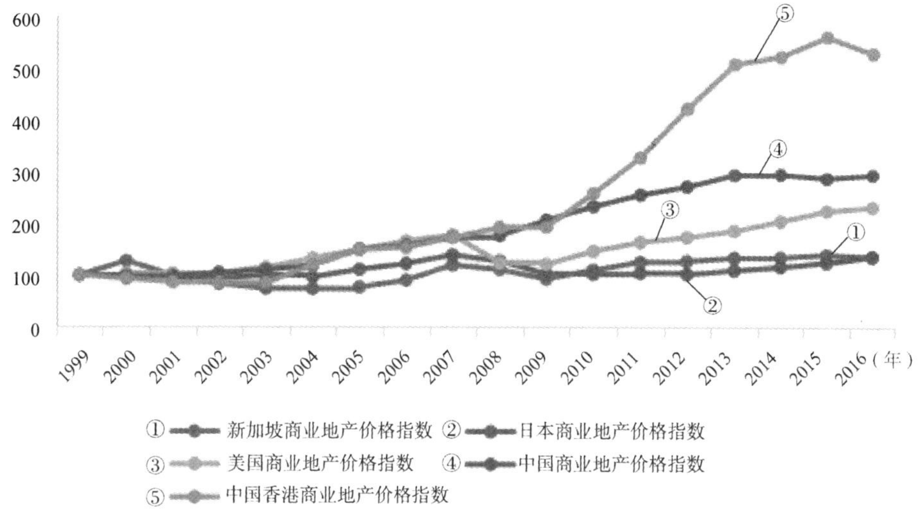

图 6－16 1999—2016 年各国商业地产价格指数

数据来源：万得、Green Street Advisor 等官方网站。

此外，一、二线城市估值偏高且类似，折价出售幅度分别为 14.86% 和 15.80%。但酒店、工业物流、综合体、服务式公寓和零售购物中心折价出售幅度分别为 27.20%、20.45%、14.82%、7.49% 和 5.38%。

第二，评估师大多采用市场法和收益法评估 REITs 底层资产价值，受外在干扰因素较多，倾向于高估。首先，在我国租金和售价明显背离的背景下，采用市场法估值并不科学，容易出现明显高估现象。以北京市西城区金融中心为例，采用距离其 600 米的富凯大厦作为项目估值参考标的，2017 年初市场法下金融中心估值为 178 亿元，远高于半年报披露的公允价值 61.32 亿元（中债资信，2017 年）。其次，市场法的调整系数依赖于评估师的主观评价，容易受到客户的影响。市场法根据评估对象与参照对象之间的差异确定调整系数，将参照对象的成交价调整为评估资产的价值。在确定调整系数时，需要综合考虑评估对象的购置时间、评估基准日、面积大小、地理位置、交通情况和建筑质量等诸多因素，其主观评价成分较高。最后，收益法下预期收益和折现率可能并不公允。评估师需要综合分析企业历史收益、当前经营状况和行业回报率，以确定预期收益和折现率，评估中容易遭受外在因素的干扰，影响估值的公正性。

（二）商业地产运营能力不高

第一，我国地产界传统的经营模式为“开发→销售”，较少涉及运营阶段。自 2014 年以来，地产界开始陆续转向“轻资产运营”模式，万达、万科、保利、绿地和碧桂园等房企陆续试水，但经验还不够丰富，资产运营能力整体偏低。

第二，转型的商业地产公司同时从事开发和运营业务，开发地产的激励机制大于运营，实践中仍以开发地产为主。以越秀地产为例，调研中发现，越秀房地产信托基金（REITs）运营的商业地产租金回报率大于未进入 REITs 的越秀商业地产。

第三，实践中我国境内商业地产的运营能力比境外 REITs 表现较差，尤其是二线城市。一线城市酒店和公寓表现不佳，其余类型商业地产表现尚可。以北京为例，酒店、公寓出租率仅为68%和87%，比表现相对较差的美国低了 7 个百分点和 11 个百分点。而写字楼、零售地产和物流的出租率分别为 92%、95%和 94%，与美国和亚洲 REITs 的营运表现相差不大。

我国二线城市除零售地产外，其余类型商业地产表现不佳。以杭州市为例，零售地产的出租率高达 96%，与亚洲和美国 REITs 的表现差不多。但公寓、酒店、写字楼和物流的出租率分别为 80%、61%、74%和 88%，比美国同种类型的 REITs 低了 14 个百分点、18 个百分点、17 个百分点、8 个百分点（如表 6－8 所示）。

表 6－8　境外 REITs 和我国境内一、二线城市出租率

REITs 类型	亚洲出租率（%）	美国出租率（%）	北京出租率（%）	杭州出租率（%）
公寓	98	94	87	80
多元类	97	94	—	—
健康医疗	100	88	—	—
酒店	97	79	68	61
写字楼	98	91	92	74

续表

REITs类型	亚洲出租率（%）	美国出租率（%）	北京出租率（%）	杭州出租率（%）
零售地产	98	95	95	96
物流	97	96	94	88

数据来源：万得、彭博以及世邦魏理仕研究部。

通过上述分析，本书按照商业地产类型总结回报率偏低的原因，税负较重是所有类型REITs的共同问题，不再赘述。写字楼和零售地产收益率偏低的原因主要在估值，二线城市的写字楼资产运营能力较差；酒店收益率偏低的首要原因在于资产运营能力不足，其次是估值偏高；住房租赁收益率偏低的首要原因在于估值偏高，其次是资产运营能力不足（如表6-9所示）。

表6-9 收益率较低的原因

商业地产类型	估值	资产运营能力	主要原因
零售	偏高	优秀	估值
写字楼	偏高	一线城市良好 二线城市较差	一线城市：估值 二线城市：估值、运营
酒店	偏高	较差	运营、估值
住房租赁	偏高	良好，仍比境外差	估值、运营
基础设施	达到收益率要求		
物流	达到收益率要求		

资料来源：作者根据前文分析得到。

三、分散度偏低的原因

（一）非公开发行，融资规模有限

受限于当前法律法规，目前我国境内仅基础设施REITs可以采用公募发行方式，其他资产采用“资产专项计划+私募基金+项目公司股权”的私募 REITs 结构，以非公开发行的方式募集资金。非公开发行的私募 REITs，投资者人数必须在 200 人以下，这不仅限制了融资规模，还削弱了二级市场的流动性，增加了融资成本。与此同时，我国境内商业地产估值较高，资产专项计划仅能购买 1 ~2 个资产，在没有整套资产收购、出售等管理制度、配套政策的支持下，难以提高底层资产分散度。

（二）扩募功能有限且不能负债融资

第一，私募 REITs 扩募的规模受限，底层资产分散度有限。长租公寓和住房租赁等私募 REITs 实践中采用储架发行方式，间接实现了“扩募”功能，但仍然受限于储架规模，运营中并不能依据市场需求兼并底层资产。如，保利、旭辉和碧桂园为代表的长租公寓、住房租赁私募 REITs 储架发行规模分别为 50 亿元、30 亿元和 100 亿元，与新加坡、中国香港和日本公寓 REITs 平均 136 亿元的资产规模相比仍有差距。

第二，私募 REITs 不允许 REITs 进行负债融资，这对资产组合管理、底层资产分散度有较大影响。当前我国境内商业地产估值较高，若不允许负债融资，资产个数和分布区域均难以增加。香港地区法律法规允许 REITs 通过银行贷款筹集资金收购底层资产，但借款金额不得超过资产总值的 45%。如，香港越秀 REITs 收购武汉越秀财富中心 67% 的股权时支付 22.81 亿元，其中 12.22 亿元来自银行贷款，占比高达 54%。

四、面临风险的原因

（一）委托—代理风险源于信息不对称、市场参与主体利益不一致

第一，REITs 投资者与管理人之间的信息不对称，即 REITs 投资者很难准确判断管理人的资产运营管理能力和道德水平。逆向选择问题难以有效克服，历史管理运作的业绩水平是投资者判断管理人水平高低的信号，但这种信号容易受到契约之外其他变量的影响，如 REITs 价格在很大程度

上由供求关系决定，市场炒作背景下容易高估管理人水平。道德水平难以观测，实践中因为信息不对称，投资者不能准确观测和度量管理人的工作努力程度，也无法掌握必要的信息，所以投资者无法防止管理人的偷懒行为和监督管理人损害投资者利益的行为。

第二，REITs 投资者、管理人和 ABS 管理人利益并不一致。REITs 投资者、管理人和 ABS 管理人在不同的效用函数和约束条件下，追求自身效用的最大化。REITs 投资者的目标是在承担相应风险下，追求投资收益的最大化；REITs 管理人的目标是在提供专业化、规模化的资产运营服务下，通过做大 REITs 规模获得管理费的最大化。ABS 计划管理人的目标则是辅助管理人做好资产营运服务下，获取底层资产一定比例的管理费。三者目标的不一致，容易导致一方在牺牲他方利益的情况下，实现自己的利益。例如，REITs 管理人以牺牲投资者的长远利益，盲目收购底层资产做大管理费用。

第三，公募 REITs 产品信息披露要求较高，但我国缺乏经验，亟待研究和实践。私募 REITs 产品私募发行，仅需事后在基金业协会备案，信息披露不够透明。据统计，截至 2018 年 3 月 26 日，共有 31 单 REITs 在交易所债券市场发行，其中仅 14 单 REITs 公布了专项计划说明书，尚未公布 REITs 计划说明书的单数占比高达 55%。REITs 管理人的收益权与资产控制权不对称，即管理人拥有底层资产的控制权，却不享受相应的收益权。此外，不动产的运营较为专业和复杂，信息披露不透明情形下，很难有效监控管理人的行为。

（二）房价和租金下行风险源于利率上行、房地产调控政策以及较差的运营能力

第一，利率上行预期和房地产调控政策趋严，未来房地产价格承压，需警惕房价下行风险。一方面，美联储未来加息节奏可能加快，对我国货币政策形式掣肘，底层资产的估值会下降。另一方面，严控房价上涨已然成为党中央和国务院的共识，后续监管政策难以放松。党的十九大提出要

建立多主体供给、多渠道保障、租购并举的住房制度，坚持房子是用来住的，不是用来炒的。同时政府工作报告中也提出落实地方主体责任，继续实行差别化调控，建立健全长效机制，促进房地产市场平稳健康发展。

第二，租金收入高度依赖于经济基本面和 REITs 管理人的营运能力，尤其是零售购物中心和酒店。当前我国 REITs 管理人的资产营运经验较为缺乏，在经济不景气时，其租金下行风险比境外更大。

第六节　思考与启示

截至 2020 年 12 月，我国境内只有私募 REITs 产品，基于这一市场现状我们分析了底层资产存在的问题。在资产类型上，虽然覆盖了七种不同种类，就目前的发展阶段而言覆盖并不少，但部分需求旺盛且可行性较高的资产覆盖力度不够，例如基础设施、健康医疗和公租房等，未来市场有待开拓。在资产收益率上，以 5% 为基准，健康医疗、物流、基础设施和部分租赁住房可达到要求，而写字楼、零售购物中心和酒店等则无法满足。这在一定程度上明确了未来 REITs 可覆盖的资产类型，若 REITs 无法进行杠杆融资，可覆盖的资产类型将更为严格。在资产分散度上，私募 REITs 由于结构差异，无法与境外 REITs 相比，其分散度明显偏低，更凸显私募 REITs 产品存在的问题。未来我国境内公募 REITs 推出之后，底层资产仍可能面临房价和租金下行风险、资产运营复杂引起的委托代理风险、高杠杆经营以及利率上行风险，需要引起监管层的关注。

当前我国境内 REITs 仍处于起步阶段，发展时间较短，以成熟商业地产为主，且基础设施、公租房和健康医疗 REITs 因产权转移受限、税费较高等原因推出面临障碍，导致我国境内底层资产类型不够丰富。同时，商业地产估值偏高、资产运营能力偏差以及税收负担偏重也引起了零售地产、写字楼、传统住房租赁和酒店收益率偏低。此外，我国境内私募 RE-ITs 仅能非公开发行，融资规模有限，且扩募受到储架规模的限制、不能负债融资等困境，也使得底层资产高度集中。

REITs 主要面临委托—代理风险、房价和租金下行风险。委托—代理风险主要是由信息不对称、市场参与方利益不一致以及信息披露不透明引起的；房价和租金下行风险主要由利率上行预期、房地产调控政策趋严以及管理人营运能力较差引起。

为了更好地发展我国境内 REITs 市场，在明晰问题、厘清原因的基础上，应借鉴境外经验并结合我国国情，提出有针对性的政策建议。

一、提高我国 REITs 底层资产收益率的思考

（一）引导合理估值

第一，监管机构应逐步引导原始权益人和评估机构采用收益法合理评估底层资产价值，降低运营成本以提升 REITs 收益率。为了保证评估机构的客观公允，一方面，完善监督制约机制，加大监管处罚力度，对严重违规的评估师依法移送司法机构，并对评估机构本身予以一定期间的禁业处罚；另一方面，引入公众监督机制，评估机构出具正式的资产评估报告后，必须在官网上公示。

第二，监管机构应引导原始权益人转变观念，鼓励其折价出售资产设立 REITs。我国境内商业地产赴中国香港和新加坡发行 REITs，平均折价幅度在 15% 以上。而我国境内发行的私募 REITs，底层资产折价出售比例仅为 4.33%。其中，零售地产、写字楼和公寓折价出售幅度为 5.78%、5.44% 和 6.51%，酒店并未折价出售（如附录 3 所示）。

（二）提高资产的运营能力并设置收入补偿机制

第一，我国机构不动产运营经验不足，初期可与境外经验丰富的 REITs 管理人合作、聘请经验丰富的项目运营公司或 REITs 发起人，其管理团队需要配置经验丰富的不动产和金融领域专业人才。未来监管机构应引

导市场培育一支在金融和不动产领域“双通”的复合型人才队伍，助力REITs 健康发展。

第二，市场发展初期 REITs 仍应重点选择核心一、二线城市的优质资产，确保 REITs 收益率的稳定性。除零售地产外，写字楼、公寓、酒店以及物流地产在二线城市的运营能力显著弱于一线城市。

第三，初期允许原始权益人为 REITs 提供收入补偿机制。2012 年越秀REITs 收购广州国际金融中心时，与越秀地产订立了补贴款项契约，约定越秀地产从 2012 年 7 月 1 日至 2016 年 12 月 31 日期间向越秀 REITs 提供不超过人民币 6. 10 亿元的收入支持，降低酒店及服务式公寓初期的营运风险。

（三）降低 REITs 的税收负担

建议证监会加强与国税局、财政部的合作，进一步推动税收中性原则，并适当给予税收优惠政策。重组环节，若发起人作为公募 REITs 的持有者，建议对资产注入项目公司过程中产生的土地增值税、所得税给予相应份额的减免。持有环节，建议出台一揽子税收优惠试行政策，对项目公司的分红收入免征所得税或给予优惠税率。分派环节，进一步明确增值税的处理办法，避免私募基金债权和专项计划优先级的双重征税。退出环节，参照境外做法，给予所得税的优惠政策。

二、提高我国 REITs 底层资产分散度的思考

（一）公募 REITs 试点扩大至非基础设施类资产，允许私募 REITs 扩募、自动续期和负债融资

第一，公募 REITs 试点可分步扩大至非基础设施资产。公募基础设施REITs 设计了扩募、负债融资、项目收购和出售等机制，能够有效优化资产组合、提高其资产分散度。待公募基础设施 REITs 试点成熟后，可充分

借鉴试点经验，将底层资产范围分步扩大至住房租赁、零售地产、写字楼和酒店等其他类型资产。

第二，允许私募 REITs 设计相应的扩募、自动续期和负债融资机制。为实现私募 REITs 对资产配置组合的有效调整、持续装入其他成熟优质物业资产，建议在资产支持证券层面设计相应的扩募和自动续期机制。境外公募和私募 REITs 均允许负债融资，其杠杆率上限一般均高于 30%（如表 6 – 10 所示），当前我国境内基础设施公募 REITs 亦允许负债融资，未来私募 REITs 也可考虑适当放宽对外借款要求，提升其市场竞争力。

表 6 – 10　境外经济体对杠杠率的要求

监管要求	美国	中国香港	新加坡	日本	中国台湾
杠杆率	无限制，市场数据显示一般不超过 50%	不超过资产总值的 45%	存款资产的 45%	无，仅可以向合格的机构投资者借贷；	小于 35%

资料来源：作者根据各国 REITs 法律法规整理得到。

（二）分散化应以专业化为基础

REITs 底层资产的分散化可从资产种类和区域分布上着手，但分散化应该以专业化运营为基础。REITs 投资回报率高度依赖商业地产的运营，如果 REITs 管理人对不同性质或不同区域的资产运营情况不够熟悉，投资者的利益难以得到有效保护。具体可从以下两点着手。一方面，增加性质相近资产的种类，如不同档次或运营管理高度相关的底层资产。以零售 REITs 为例，REITs 管理人不仅可以配置优质、中等的零售地产，还可以配置购物中心、超级购物中心和主题商场等。另一方面，增加底层资产的区域分散度，可以跨区域，甚至跨国收购资产，如香港的 LINK REITs 底层资产分布在中国香港、内地和澳大利亚等多个地区。

三、严控我国 REITs 底层资产风险的思考

（一）发展不动产基金管理公司、加强信息披露制度建设

一是监管机构应发展专业的不动产基金管理公司，提供不动产主动管理服务。同时，允许设立不动产基金管理子公司，充当资产专项计划管理人，避免委托代理问题。条件成熟时，监管机构应启动法条法规的修改，允许公募不动产基金管理公司直接持有、管理和运营底层资产，实现外部管理转向内部管理。试点期间，可以考虑先行选取在同一体系内的基金管理人与 ABS 管理人，如具备公募基金业务资格的证券公司与其子公司，基金公司与其子公司。

二是 REITs 管理人需要持有合适比例的基金份额并聘请外部独立董事。一方面，薪酬设计中应包含较大比例的股权激励收入，使管理人和投资者的利益趋于一致。境外实践中，若 REITs 业绩对管理人薪酬影响不大，则管理人在运营中可能存在偷懒动机和利益冲突行为。另一方面，借鉴美国经验引入独立董事制度，以基金份额持有人利益最大化为出发点，勤勉尽责，依法对基金财产和公司运作的重大事项独立做出客观、公正的专业判断。

三是加强 REITs 利益冲突事项的信息披露制度建设。公募 REITs 交易结构复杂、利益或有冲突，因此需要建立适应于公募 REITs 产品的信息披露制度。初期可借鉴新加坡和中国香港经验，至少在 REITs 报告中披露公司及投资者关系资料、底层资产组合、关联交易、同业竞争等事项、底层资产估值报告和受托人报告等多项资料。

（二）优化资产组合、做好风险预警工作

我国公募 REITs 即将推出，应防止相关原始权益人融资套现，将风险转移到社会大众手中，需要做好基础资产的遴选工作。

第一，为减弱房价下行和利率上行对 REITs 的影响，需从两点着手。一是密切关注房地产相关政策、未来供求并结合拟投资不动产的区位状况，做好尽职调查工作，遴选优质底层资产，防止地产商将较差的资产装入 REITs 中。二是初期推出公募 REITs 时，应重点选取核心一、二线城市收益率稳定、风险较低的商业地产，以此优化资产组合。以香港越秀 REITs 为例。2008 年广州新建住房销售价格指数同比下降 9.4 个百分点，但越秀 REITs 处于广州核心区域，估值仅下降 0.60 个百分点。三是降低负债率的同时发展利率对冲衍生品工具，规避潜在的利率风险。REITs 管理人应严格控制资产负债率的上限，并积极使用利率掉期合约等合适的对冲工具。

第二，以中介机构为抓手，打造全链条管理，切实做好 REITs 的风险预警和违约处置工作。当前房价下行和利率上行背景下，公募 REITs 的推出或将面临较大的下行风险，期间涉及底层资产的处置等。一方面，监管机构可参照公司债违约预警建立一套适用于公募 REITs 的预警机制，同时应以公募基金管理人和资产专项计划管理人为抓手，切实做好风险预警工作。另一方面，加强与地方政府、住建委、房地产自律性组织、中证登以及证监局的合作，实施“事前—事中—事后”全链条管理，共同处置 REITs 的违约风险。

第七章

REITs ETF 市场发展研究

目前，美国是全球最成功的 REITs ETF（以下简称“R－ETF”）市场，其市值位居全球第一位、产品体系完备且交易较为活跃。因此，深入分析美国 R－ETF 市场发展历程、特征以及成功因素，对交易所提早布局 R－ETF 具有借鉴意义。

第一节　市场发展概况

一、市场规模

R－ETF 市场起步早，但初期发展缓慢。2000 年，安硕发行了第一只美国 R－ETF 产品，但市场初期发展较为缓慢，截至 2006 年底，市场仅有 5 只产品，市值 76 亿美元。2007 年后，进入快速发展阶段。自 2007 年以来，R－ETF 年平均发行 3 只（如图 7－1 所示）。截至 2020 年底，美国共有 47 只产品，市值高达 636.5 亿美元，占全球市场的比重分别为 67.6% 和 32.9%，同时市值相比设立规模增长了 44.5 倍。

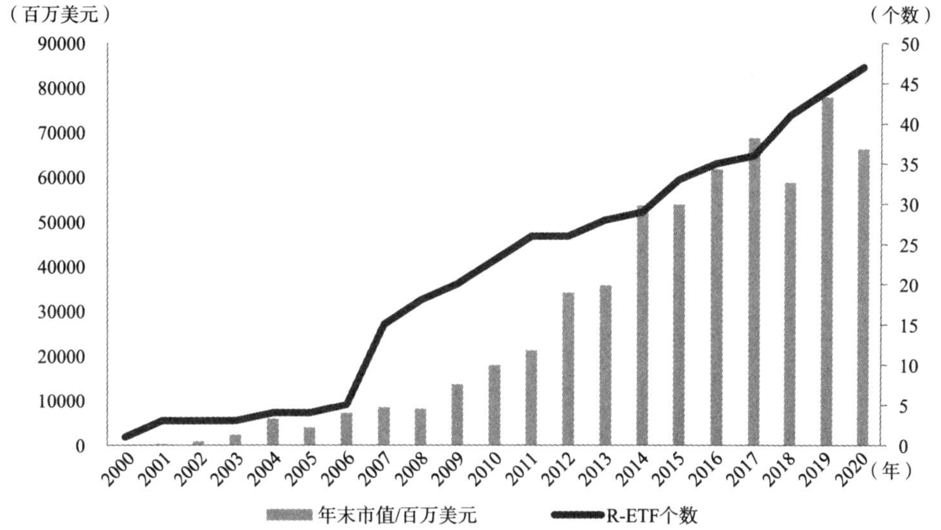

图 7－1　美国 R－ETF 发展概况

资料来源：彭博。

二、资产配置

资产配置初期以全球资产为主、美国国内资产为辅，目前以美国国内资产为主、全球资产为辅。2007 年前，美国共发行 4 只国内 R－ETF 产品，1 只国际产品，此后，共发行了 27 只国内产品，15 只国际产品。截至 2020 年底，美国国内 R－ETF 市值达 523.4 亿美元，占比高达 83.5%。1997—2000 年，美国权益型 REITs 市场震荡调整，3 年收益率微跌 1%，前景并不明朗，R－ETF 资产配置以欧洲、日本资产为主，美国资产为辅。次贷危机前后，美国房地产市场收益率持续走高，如 2010 年权益型 REITs 收益率高达 47%。该阶段多数 R－ETF 资产配置开始转向美国资产，少数配置了欧洲、日本和中国香港资产。

三、产品类型

产品初期均为普通类型，目前以普通类型为主、杠杆和反向类型为辅。新产品推出之际，为合理防控风险，R－ETF 发展初期均没有做结构化设计。2006 年，美国房地产市场收益率高达 35%，为了满足不同投资者需求，设计了杠杆和反向产品。但这类产品的风险较高，并没有成为主流 R－ETF 产品。截至 2020 年，此类产品仅 7 只，市值 4.23 亿元，占比仅为 0.66%。此外，还有 2 只主动管理型 R－ETF，其收益率并未跑赢大多数指数型基金。

四、上市地点

初期纽交所和纳斯达克势均力敌，目前以纽交所为主、纳斯达克和芝加哥期权交易所为辅。2007 年前，R－ETF 在纽交所和纳斯达克分别发行 4 只和 1 只产品，此后纽交所、芝加哥期权交易所和纳斯达克分别发行 34 只、4 只和 4 只产品。截至 2020 年，三个市场 R－ETF 市值占比分别为 84.4%、6.5% 和 9.1%。

第二节　产品特征和市场表现

一、产品优势

美国 R－ETF 成本较低，平均管理费率为 0.47%，其中国际产品成本稍低，管理费率为 0.46%，杠杆和反向产品管理费稍高，分别为 0.89% 和 0.95%。R－ETF 交易较为活跃，2020 年 R－ETF 年总成交量与市值之比

（简称“交易活跃度”）为4.38，远高于其他类型的ETF（0.86）。其中，杠杆R－ETF交易最为活跃，2倍和3倍杠杆产品交易活跃度分别为7.76和11.26。此外，R－ETF紧跟市场基准指数，2020年折溢价率较小，仅为0.03%；且大多数产品的跟踪误差较小，低于2%，7只杠杆产品的跟踪误差较大。

二、发行的集聚程度

其一，美国共有26个R－ETF发行人，规模高度集中。先锋、安硕、道富、嘉信管理市值分别为350.7亿美元（2只）、122.5亿美元（8只）、59.1亿美元（4只）和45亿美元（1只），累计占比高达90.7%（31.9%）。其二，指数提供商较为集中，目前45只R－ETF追踪了11家指数提供商开发的42只指数，其中最大4家指数提供商分别为MSCI、标准普尔、道琼斯和富时，对应产品市值累计达585.3亿美元，占比为91.96%，余下2只R－ETF为主动管理。其三，R－ETF集中度较高，市值大于10亿美元的产品有13只，规模达583.3亿美元，市值小于10亿美元的产品有34只，规模仅53.4亿美元。值得注意的是，先锋集团发行的VNQ规模高达301.1亿美元，占美国R－ETF总规模比重为47.3%。

三、收益率

中长期看，美国国内普通、国际产品3年累计回报率分别为4.5%、－1.75%；5年回报率分别为25.5%、25.2%。美国国内杠杆、反向产品表现较差，3年累计回报率为－59.8%；5年回报率分别为－13.8%。正向产品收益率相对好于反向产品，这与近年来美国REITs市场发展不断向好、收益率不断提升有关。同时，得益于REITs高分红特质，2011—2020年R－ETF产品分红率大多介于3.4%~4%，明显高于非R－ETF产品约2.5%的分红率（见图7－2）。

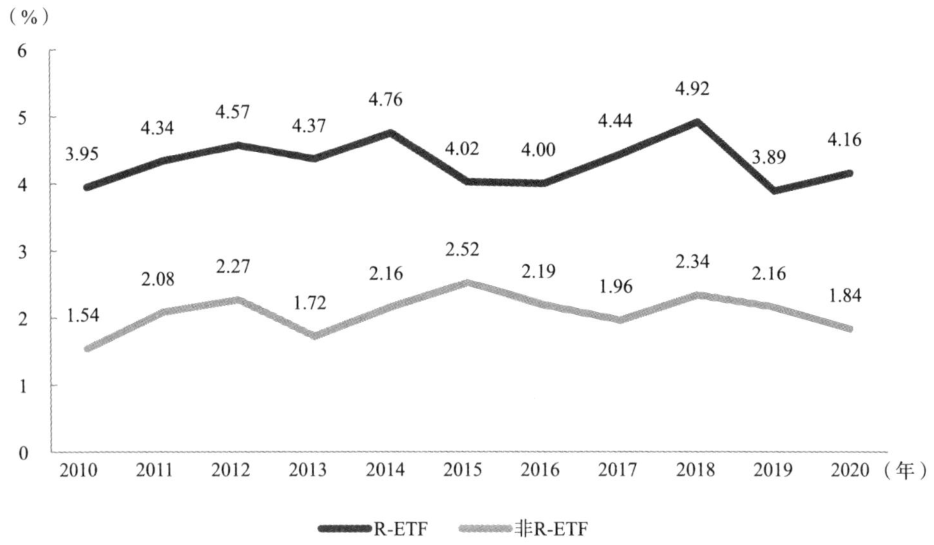

图 7－2　非 R－ETF 和 R－ETF 的分红率

四、基础资产的集中度

一方面，47 只 R－ETF 共涉及 1364 项基础资产，集中度较高。其中，前 10 位、前 20 位和前 50 位的公司资产市值占比分别为 35.6%、48.9% 和 67.6%。持仓市值位于前 5 位的公司分别为美国铁塔、普洛斯、冠城国际、Equinix 和 DLR，这些公司均为各个领域的龙头 REITs。此外，DLR 和 EQR、AVB 等 21 家 REITs 至少被 20 只 R－ETF 持有。

另一方面，每只 R－ETF 资产个数平均为 133 个，排名前 10 位的公司资产市值占比平均为 39.2%。国际和杠杆 R－ETF 风险更高，发行人为控制风险大多提升基础资产的多元化程度，资产个数分别为 223 个和 86 个，多于普通 R－ETF（79 个）。同时，因为发行人对国际 REITs 市场熟悉度较低，因此持仓更为分散，排名前 10 位的公司资产市值占比仅为 31%，明显低于美国国内普通 R－ETF 集中度（约 46%）。

第三节 市场发展取得成功的原因

一、REITs 市场规模大，收益率可观

REITs 市场高度发达，R－ETF 才有源头活水。截至 2020 年 6 月，美国共有 219 只 REITs，市值达到 1.13 万亿美元。但 2006 以前，美国 REITs 发展缓慢，市场规模仅 0.4 万亿美元。次贷危机后，随着房地产市场的逐渐回暖，REITs 快速发展，从 136 只上升到 2020 年 6 月的 219 只，市场规模也从 0.2 万亿美元大幅上升至 1.13 万亿美元，可见 R－ETF 市场的发展与 REITs 息息相关（如图 7－3 所示）。

REITs 市场投资回报率较为可观，高于标普 500。2000—2019 年，美国权益型 REITs 累计回报率高达 203.3%，年均回报率达 10.7%。其中，年均股价增长率达 5.3%，年均分红率为 5.4%。同时期标普 500 指数累计回报率为 119.9%，年均回报率仅为 6.3%。

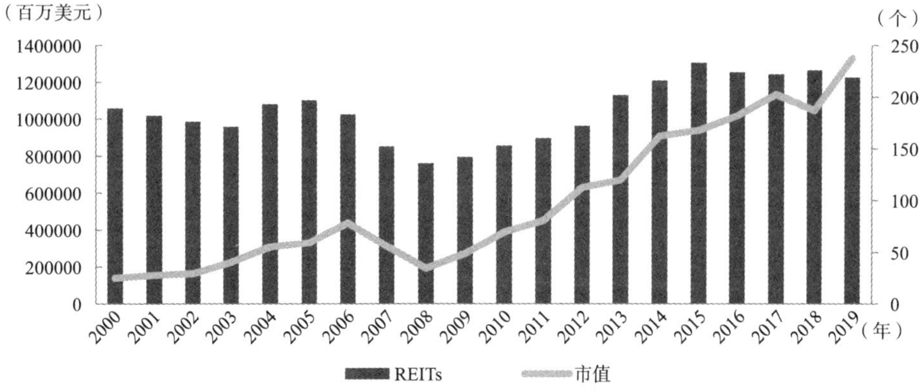

图 7－3 美国 REITs 只数和市值

二、跟踪指数类型丰富，且包容性强，市场表现优异

一方面，美国 R－ETF 跟踪指数丰富，在区域和类型上较为多元化，既有美国、欧洲和全球市场指数，又有工业、基础设施、零售、住宅等特定类型指数。另一方面，指数供应商也在不断推出更具包容性、风险收益更高的新指数，助力 R－ETF 发展。这些指数不断调整，积极吸纳收益率表现较好的抵押型、专业型 REITs 以及房地产服务和开发领域的龙头企业。如 2016 年 9 月，MSCI 推出了 MSCI US Investable Market Real Estate 25/50 Index，2018 年 6 月 VNQ 将追踪指数从 MSCI US REIT Index 正式调整为该指数，使得 VNQ 不仅降低了风险，还提升了收益率（见附录 4）。

三、做市商意愿较强，R－ETF 买卖价差小、流动性充裕

鉴于 ETF 做市商可以成为基金的授权参与人，通过申赎机制参与 ETF 一、二级市场套利以及获得做市收益，其有能力也愿意为基金提供较为合理的报价，提升市场流动性。一方面，R－ETF 的做市质量较高。截至 2020 年，R－ETF 的买卖报价之差平均为 0.06，其中 BLDG 的买卖报价之差最高，达 0.32，而 VNQ、REET、XLRE 等 7 只产品的买卖价差较低，仅为 0.01。另一方面，较强的做市能力也提高了产品的流动性。以交易量与市值之比衡量流动性，截至 2020 年底，R－ETF 的平均 LQA 流动性评分为 70.4，其中，VNQ、IYR 得分最高，为 98，NURE 得分最低，仅为 44。

四、投资者众多，且偏好通过被动基金投资 REITs 市场

其一，参与 REITs 市场的投资者众多，且意愿强烈。据 NAREIT 统计，REITs 分红高、业绩好，与股票和债券的相关度低，因此 REITs 在投资者的大类资产配置中占有重要位置。约有 80% 的投资顾问、投资管理公

司和97%的目标日期基金均强烈支持配置 REITs 资产，其最优比重在5%~15%。其二，投资者偏好以被动基金的方式投资于 REITs。据 NAREITs 统计，美国约有 40% 的家庭、8000 万个人投资者曾经直接或间接投资 REITs，其中约 60% 的投资者（4820 万人）通过 ETF 等被动权益型基金投资 REITs。

第四节 思考与启示

截至 2020 年 6 月，我国境内已发行 77 只，共 1536 亿元私募 REITs 产品，公募基础设施 REITs 已启动试点。据北大测算，未来公募 REITs 约有 4 万亿~12 万亿元的市场规模，虽然目前我国尚未形成大规模发展 R-ETF 的基础，但仍应提前布局，把握机遇。可从以下两点着手。

一是探索发展公募 REITs 和 REITs 指数，适时推出相关 R-ETF 产品。一方面配合公募基础设施 REITs 试点，待条件成熟后遴选优质标的，研究开发基础设施 REITs 指数。另一方面探索其他资产类型公募 REITs 规则，研究编制宽基 REITs 指数，建议囊括不同行业龙头 REITs 成分股，还可以包括优质的房地产开发、服务等公司股票或抵押型 REITs。鉴于国内公募基础设施 REITs 处于试点阶段，指数的编制可囊括中国跨境上市的公募 REITs，如中国香港和新加坡的境内资产境外上市的公募 REITs。在指数运行平稳、发展成熟的基础上，待条件成熟后，可以择机推出相关 R-ETF 产品。

二是探索和开发全球性 R-ETF，并研究杠杆和反向 R-ETF 产品。一方面，探索和开发全球性的 REITs 指数和 R-ETF 产品，初期应以美国、日本、中国香港、新加坡和欧盟等成熟市场 REITs 为主，资产可囊括权益型 REITs、抵押型 REITs 和房地产开发、服务公司等。另一方面，在当前房价下行压力较大背景下，并非开发杠杆和反向 R-ETF 的合适时机，但可与基金公司合作开展前期研究，为丰富 R-ETF 类型做准备。

参考文献

一、外文文献

[1] Ambrose B, Linneman P. REIT Organizational Structure and Operating Characteristics [J]. Journal of Real Estate Research, 2001, 21 (3): 141 - 162.

[2] Benefield J D, Anderson R I, Zumpano L V. Performance Differences in Property - type Diversified Versus Specialized Real Estate Investment Trusts (REITs) [J]. Review of Financial Economics, 2009, 18 (2): 70 - 79.

[3] Brown D T, Riddiough T J. Financing Choice and Liability Structure of Real Estate Investment Trusts [J]. Real Estate Economics, 2003, 31 (3): 313 - 346.

[4] Bothra N. Overview of REIT Structures in Singapore (S - REITs) [J]. 2013.

[5] Block R L. Investing in REITs: Real Estate Investment Trusts [M]. John Wiley & Sons, 2011.

[6] Clayton J, MacKinnon G. The Relative Importance of Stock, Bond and Real Estate Factors in Explaining REIT Returns [J]. The Journal of Real Estate Finance and Economics, 2003, 27 (1): 39 - 60.

[7] Corgel J, McIntosh W, Ott S. Real Estate Investment Trusts: A Review of the Financial Economics Literature [J]. Journal of Real Estate Litera-

ture, 1995, 3 (1): 13 -43.

[8] Clayton J, MacKinnon G. The Relative Importance of Stock, Bond and Real Estate Factors in Explaining REIT Returns [J]. The Journal of Real Estate Finance and Economics, 2003, 27 (1): 39 -60.

[9] Devaney M. Time Varying Risk Premia for Real Estate Investment Trusts: A GARCH - M model [J]. The Quarterly Review of Economics and Finance, 2001, 41 (3): 335 -346.

[10] Ewing B T, Payne J E. The Response of Real Estate Investment Trust Returns to Macroeconomic Shocks [J]. Journal of Business Research, 2005, 58 (3): 293 -300.

[11] Feng Z, Price S M K, Sirmans C. an Overview of Equity Real Estate Investment Trusts (REITs): 1993—2009 [J]. Journal of Real Estate Literature, 2011, 19 (2): 307 -343.

[12] Feng Z, Ghosh C, Sirmans C F. on the Capital Structure of Real Estate Investment Trusts (REITs) [J]. The Journal of Real Estate Finance and Economics, 2007, 34 (1): 81 -105.

[13] Ghosh C, Sirmans C F. Board Independence, Ownership Structure and Performance: Evidence from Real Estate Investment Trusts [J]. The Journal of Real Estate Finance and Economics, 2003, 26 (2): 287 -318.

[14] Gyourko J, Nelling E. Systematic Risk and Diversification in the Equity REIT Market [J]. Real Estate Economics, 1996, 24 (4): 493 -515.

[15] Giliberto M. Equity Real Estate Investment Trusts and Real Estate Returns [J]. Journal of Real Estate Research, 1990, 5 (2): 259 -263.

[16] Hartzell J C, Sun L, Titman S. The Effect of Corporate Governance on Investment: Evidence from Real Estate Investment Trusts [J]. Real Estate Economics, 2006, 34 (3): 343 -376.

[17] Hartzell J C, Kallberg J G, Liu C H. The Role of Corporate Governance in Initial Public Offerings: Evidence from Real Estate Investment Trusts

[J]. The Journal of Law and Economics, 2008, 51 (3): 539 -562.

[18] Han B. Insider Ownership and Firm Value: Evidence from Real Estate Investment Trusts [J]. The Journal of Real Estate Finance and Economics, 2006, 32 (4): 471 -493.

[19] Hartzell J C, Kallberg J G, Liu C H. The Role of Corporate Governance in Initial Public Offerings: Evidence from Real Estate Investment Trusts [J]. The Journal of Law and Economics, 2008, 51 (3): 539 -562.

[20] Jones C. Private Investment in Rented Housing and the Role of REITS [J]. European Journal of Housing Policy, 2007, 7 (4): 383 -400.

[21] James III R. Customer Satisfaction With Apartment Housing Offered by Real Estate Investment Trusts (REITs) [J]. International Journal of Consumer Studies, 2009, 33 (5): 572 -580.

[22] Kent Baker H, Chinlo P. Public Real Estate Markets and Investments: an Overview [J]. Public Real Estate Markets and Investments, 2014: 1.

[23] Kuhle J. Portfolio Diversification and Return Benefits—common Stock vs. Real Estate Investment Trusts (REITs) [J]. Journal of Real Estate Research, 1987, 2 (2): 1 -9.

[24] Kim H, Gu Z, Mattila A S. Hotel Real Estate Investment Trusts' Risk Features and Beta Determinants [J]. Journal of Hospitality & Tourism Research, 2002, 26 (2): 138 -154.

[25] Lee M L, Lee M T, Chiang K C H. Real Estate Risk Exposure of Equity Real Estate Investment Trusts [J]. The Journal of Real Estate Finance and Economics, 2008, 36 (2): 165.

[26] Liang Y, McIntosh W. REIT Style and Performance [J]. Journal of Real Estate Portfolio Management, 1998, 4 (1): 69 -78.

[27] Moss A. Asia REIT Market Overview [J]. AME Capital, 2007.

[28] Newell G, Fischer F. The Role of Residential REITs in REIT Portfolios [J]. Journal of Real Estate Portfolio Management, 2009, 15 (2): 129 -139.

[29] Vincent L. The Information Content of Funds From Operations (FFO) for Real Estate Investment Trusts (REITs) [J]. Journal of Accounting and Economics, 1999, 26 (1): 69 – 104.

二、中文文献

[1] [美] 马克·戈登. REITs 投资指南 [M]. 林华，罗桂连，阚晓西，等，译. 北京：中信出版集团，2017.

[2] [新加坡] 梁凯文，陈玟佑，梁俐菁. 全球 REITs 投资手册 [M]. 林华，等，译. 北京：中信出版集团，2016.

[3] 高旭华，修逸群. REITs：颠覆传统地产的金融模式 [M]. 北京：中信出版集团，2017.

[4] 林华. 中国 REITs 操作手册 [M]. 北京：中信出版集团，2018.

[5] [美] 施瓦兹. 美国住房政策 [M]. 陈立中，译. 北京：中国社会科学出版社，2012.

[6] 毛志荣. 我国发展上市房地产基金研究 [R]. 深圳证券交易所研究所研究报告，2004 年 9 月 20 日，深证综研字第 0100 号.

[7] 毛志荣. 资产证券化产品及其交易研究 [R]. 深圳证券交易所研究所研究报告，2003 年 12 月 12 日，深证综研字第 0087 号.

[8] 毛志荣. 我国优质商业地产海外流失的影响和对策 [R]. 深圳证券交易所研究所研究简报，2005 年.

[9] 楚天舒，毛志荣. 美国、日本资产证券化市场比较及借鉴 [R]. 深圳证券交易所研究所研究报告，2006 年 4 月 5 日，深证综研字第 0135 号.

[10] 刘筱萌. 完善企业资产证券化制度，防范基础资产法律风险 [R]. 深圳证券交易所研究所研究简报，2017.

[11] 何鹏飞. REITs 底层资产分散度和收益率研究 [R]，债券监管报告. 2018.

[12] 何鹏飞，郑雪晴. PPP 资产证券化存在的问题、原因及对策分析 [R]. 深圳证券交易所研究所研究简报，2018 (47).

[13] 方鹏飞. 资产证券化的产品创新研究 [R]，深圳证券交易所博士后出站报告. 2014.

[14] 闫云松，何鹏飞. 从 TMK 到 J-REIT：日本不动产证券化对中国的启示 [R]，债券监管文稿.

[15] 张立，郭杰群. 基础设施 REITs 的发展路径 [J]. 中国金融，2017，08.

[16] 魏泊芦. 供热企业 PPP 资产证券化融资模式研究——以 XT 热力为例 [D]. 北京交通大学，2017，06.

[17] 于海东，冯长春. 基于 REITs 模式的基础设施信托基金应用可行性分析——以高速公路为例 [J]. 建筑经济，2011，04.

[18] 王一婷. 基于产权视角的中国铁路信托资产证券化影响机理研究 [D]. 北京交通大学，2018，01.

[19] 张理平. 基础设施建设资产证券化融资模式设计 [J]. 经济体制改革，2011，04.

[20] 胡岑颖. 基础设施领域企业 ABS 风险及对策研究——以收益权类产品为例 [D]. 浙江大学，2017，06.

[21] 陈忠庆. 我国国有企业资产证券化研究 [D]. 中国社会科学院研究生院，2017，05.

[22] 谢春燕. 我国高速公路 PPP 融资模式法律问题及其应对 [D]. 湖南大学，2016，04.

[23] 王胤杰. 甘肃政府性基础设施资产证券化研究 [D]. 兰州大学，2017，05.

[24] 尹耀彬. PPP 项目资产证券化主要参与者的博弈研究 [D]. 重庆工商大学，2017，05.

[25] 中国证券业协会，住房租赁 REITs 专题研究报告 [R]，2018.

[26] 李素芳. REITs 在上海市公共租赁住房中的应用研究 [D]. 华东

理工大学，2018，04.

［27］杨莹．REITs 在我国公共租赁住房融资中的应用模式研究［D］．重庆大学，2011，10.

［28］邵林．我国住房租赁市场金融支持问题解决及国际借鉴［J］．理论探讨，2018，05.

［29］睿信地产研究院，2017 年长租公寓专项研究白皮书［R］，2017.

［30］许莲凤．美国保障性住房融资 REITs 模式的经验及启示［J］．亚太经济，2014（3）：77－81.

［31］陈琼，杨胜刚．REITs 发展的国际经验与中国的路径选择［J］．金融研究，2009（9）：192－206.

［32］吴章达．REITs 在公共租赁房供应中的应用研究——以上海为例［J］．上海经济研究，2013（9）：120－128.

［33］李智．房地产投资信托（REITs）法律制度研究［D］．中国政法大学，2005.

［34］徐光远，焦颖，何杰．我国宏观经济市场风险对 REITs 抗风险能力的影响［J］．山东社会科学，2016（12）：102－107.

［35］邹晓梅．不动产证券化三模式比较：MBS、CB 和 REITs［J］．金融市场研究，2016（9）：61－67.

［36］朱元甲，孙晓筱．发展 REITs 助力房地产行业转型［J］．金融会计，2017，1（2）：53－62.

［37］苗峰．REITs 交易结构中的企业所得税筹划分析［J］．企业改革与管理，2017（10）.

附　　录

附录 1　印度 REITs 规则体系概况

一、参与主体有四类、要求较高

印度 REITs 参与主体至少包括发起人、资产管理公司、托管人和估价师，且对发起人和资产管理公司的要求较高，体现在净资产要求、房地产相关经验要求上，发起人或发起人团体还面临额外的持股或出售股份规定（见附表 1）。

其一，净资产要求较高。单个发起人的净资产至少达到 2 亿卢比，全体发起人净资产总值须达到 10 亿卢比；资产管理公司最低净资产为 1 亿卢比。

其二，房地产相关经验要求较高。发起人不少于 5 年的房地产开发或房地产基金管理经验，至少需要完成 2 个项目；资产管理公司应具有不少于 5 年房地产开发或基金管理、咨询服务或物业管理经验，且需配置 2 名具有不少于 5 年房地产行业相关经验的关键人员。

其三，发起人持有份额较高，锁定期较长，且对出售份额有明确限制。首次上市后发起人至少持有 25% 的份额，锁定期为 3 年，对超过 25%

的部分，锁定期仅为 1 年。发起人团体任何时候至少持有 REITs 流通份额的 15%，单个发起人需持有 5% 的份额。发起人仅在 3 年锁定期到期时才能出售 15% 的份额，且需要另一个发起人收购份额才能满足最低持股要求。

附表 1　　印度 REITs 参与主体要求

要求	发起人或发起人团体	资产管理公司
净资产要求	至少达到 10 亿卢比，单个发起人净资产至少达到 2 亿卢比	最低净资产为 1 亿卢比
房地产相关经验	（1）不少于 5 年的房地产开发或房地产基金管理经验； （2）至少有 2 个完成的项目记录	（1）具有不少于 5 年房地产行业（或房地产开发）的基金管理、咨询服务或物业管理经验； （2）2 名在房地产业或房地产开发方面具有不少于 5 年相关经验的关键人员
持股要求	（1）首次上市后至少持有 25% 的份额，锁定期为 3 年；超过 25% 的剩余部分，锁定期为 1 年； （2）团体任何时候至少持有 REITs 流通份额的 15%；每个发起人任何时候至少持有 REITs 流通份额的 5%； （3）发起人出售 15% 的份额，3 年锁定期已到，且经过其他 REITs 份额持有人同意后，须由另一个发起人收购份额，以满足最低持股要求	无

资料来源：印度 REITs 法规。

二、印度 REITs 的规则体系核心要素与国外类似

印度 REITs 监管法规和其他发达国家或发展中国家类似，尤其是收益分配和资本要求。为简便性，本书简要分析印度 REITs 设立的基本条件，具体见附表 2。

附表 2　　印度 REITs 的设立条件

主要方面	具体要求
组织结构	必须采用信托，最低初始资本为 50 亿卢比
股权结构	REITs 基金份额强制上市，可以转让： （1）公开募资额不小于 25 亿卢比，且公众持有的份额比例至少达到 25%； （2）每单位份额最小规模为 10 万卢比，最低认购额为 20 万卢比； （3）首次公开募资的最低持有人不少于 200 人； （4）在满足自动路线的监管条件下，外国资本允许投资 REIT
资产结构	允许投资房地产资产、持有印度许可房地产资产的 SPV 证券；不允许投资空置土地、抵押土地和农地，不允许投资其他 REITs 和贷款。具体资产内部结构如下： （1）至少 80% 的资金投资于已经完成且能够产生租金的房地产，自购买日起锁定期为 3 年； （2）不超过 20% 的资金用于以下方面：在建工程（完工后，须持有 3 年）、完工但未产生租金的资产、房地产公司的上市或非上市债务、抵押贷款支持证券、印度上市公司（75% 的收入来自房地产业务）的股权、政府证券、现金或货币市场工具； （3）至少直接持有或通过“持有公司”（或 SPV）持有 2 个项目，且每个项目的投资份额不超过该项目总投资的 60%
收入结构	（1）至少 51% 的收入来自租赁资产或附带收入； （2）出售 REITs 的资产或权益超过整个财年 REITs 资产的 10%，必须由 REITs 股份持有人批准
收益分配	（1）不少于可分配净现金流的 90%； （2）每 6 个月至少一次
杠杆率	不超过资产规模的 25%；有信用评级和经 REITs 持有人批准，杠杆率为允许超过 25%，但不高于 49%

资料来源：印度 REITs 法规。

组织结构为信托，且最低初始资本为 50 亿卢比。同中国香港和新加坡、美国早期 REITs 一致，目前印度 REITs 必须采用信托结构，且最低初始资本为 50 亿卢比。

股权结构方面，REITs 基金必须强制上市，且对最小募资额和最低公众持有份额有要求，但对股权集中度并未有强制性规定。一是印度 REITs 公开募资额不小于 25 亿卢比，单位份额最小规模为 10 万卢比，投资者认购额最低为 20 万卢比。二是在满足自动路线的监管条件下，允许外国资本投资 REITs。三是对公众最低持股比例有要求，但对股权集中度并未有硬性规定。REITs 首次公开募资的最低持有人人数不少于 200 人，且公众持有的份额比例至少为 25%。与美国法律法规相比，美国法律规定在一个纳税年度的后半年，5 个或 5 个以下的个人持有的 REITs 股份不得超过 50%。印度 REITs 并未有硬性规定，后续亟待进一步完善。

资产结构方面，印度 REITs 对投资房地产相关资产的要求很高，同时资产需要有一定的分散度，至少持有 2 个。其一，REITs 的投资范围更狭窄，当前不允许投资空置土地、抵押土地、农地、其他 REITs 和贷款，只允许投资于房地产资产、持有许可房地产资产的 SPV 证券。其二，对投资房地产资产的要求很高，规定至少 80% 的资金需要投资于已经完成且能够产生租金的房地产，且自购买日起锁定期为 3 年。其三，REITs 底层资产具有一定的分散度，需至少直接持有或通过 SPV 公司持有 2 个项目，且对每个项目的投资份额不得超过项目总投资的 60%。

收入结构方面，对收入来源于租金的比例要求不高，但对出售资产所得比例有限制。一方面，印度 REITs 规定仅 51% 的收入来自租赁资产或附带收入，比国外 75% 左右的比例低；另一方面，出售 REITs 的资产或权益超过整个财年 REITs 资产的 10%，须有股份持有人批准，比美国约 30% 的比例要高。

收益分配比例与国外一致，但分配频率更高，且杠杆率较低。一方面，收益分配比例为不少于可分配净现金流的 90%，但规定 6 个月至少分配一次；另一方面，杠杆率为不超过资产规模的 25%，在有信用评级和 REITs 持有人批准情况下，可适当放宽至 49%，比境外 REITs 的杠杆率低（见附表 3）。

附表 3　　境外经济体对杠杆率的要求

监管要求	美国	中国香港	新加坡	日本	中国台湾
杠杆率	无限制，市场数据显示一般不超过 50%	不超过资产总值的 45%	存款资产的 45%	无，仅可以向合格的机构投资者借贷	小于 35%

资料来源：作者根据各国 REITs 法律法规整理得到。

三、印度 REITs 税收优惠仍然存在

资本利得税较重，用于分红部分并无特殊优惠政策，租金收入全部予以免税，优惠力度比国外大。第一，REITs 出售 SPV 证券取得的资本利得，仅在上市 SPV 证券超过 24 个月，才予以免税，其他情形下，需要征收 15%～30% 的税收。而日本、新加坡和美国用于分红部分的资本利得均给予了免税待遇。第二，REITs 持有的资产产生的租金收入予以免税，相较于国外仅分红收入部分予以免税，其力度更大（见附表 4、附表 5）。

附表 4　　　　印度 REITs 层面的税务处理

所得税	具体情况
出售 SPV 证券的资本收益	（1）上市股票： ①长期（超过 24 个月）资本收益免税征 10%； ②短期（不短于 24 个月）资本收益征 15%。 （2）其他： ①长期资本收益 20%； ②短期资本收益征 30%
来自 SPV 的股息	免税
来自 SPV 的利息	不征税，但利息到外国投资者为 5%、国内为 10%
REITs 直接持有资产的租金收入	不征税
其他收入	30%
注册税和印花税	5%～15%，无优惠
申请费	10 万卢比，无优惠
注册费	100 万卢比，无优惠
发行费	在首发和增发费率为 0.1% 在权益凭证费率为 0.05%

资料来源：印度税法。

附表 5　　　　印度 REITs 投资者层面的税务处理

所得税	具体情况
出售 SPV 证券的资本收益	（1）上市股票： ①长期（超过 24 个月）资本收益免税征 10%； ②短期（不短于 24 个月）资本收益征 15%。 （2）其他： ①长期资本收益 20%； ②短期资本收益征 30%
来自 SPV 的股息	免税
来自 SPV 的利息	不同类型基金单位持有人适用不同税率，境外持有人征 5%，境内持有人征 10%
REITs 直接持有资产的租金收入	不征税
其他收入	30%
注册税和印花税	5%~15%，无优惠
申请费	10 万卢比，无优惠
注册费	100 万卢比，无优惠
发行费	在首发和增发费率为 0.1% 在权益凭证费率为 0.05%

资料来源：印度税法。

附录 2　中国香港转让物业印花税概况

售价或估值较高者		收费
超过（美元）	不超过（美元）	税率
—	2000000	1.5%
2000000	2176470	30000（美元）+超过 2000000（美元）的款额的 20%
2176470	3000000	3%
3000000	3290330	90000（美元）+超过 3000000（美元）的款额的 20%
3290330	4000000	4.5%
4000000	4428580	180000（美元）+超过 4000000（美元）的款额的 20%

续表

售价或估值较高者		收费
超过（美元）	不超过（美元）	税率
4428580	6000000	6%
6000000	6720000	360000（美元）+超过6000000（美元）的款额的20%
6720000	20000000	7.5%
20000000	21739130	1500000（美元）+超过20000000（美元）的款额的20%
21739130	—	8.5%

注：香港特区转让股票的印花税为0.2%，转让物业的印花税如上表，均由买卖双方平等负担。

资料来源：作者根据香港特区税法整理得到。

附录3　我国部分私募 REITs 底层商业地产折价出售概况

资产支持专项计划名称	物业类型	评估值	折价（%）	收购价（亿元）
恒泰浩睿-海航浦发大厦	写字楼	25.24	0.95	25.00
恒泰弘泽-广州海航双塔	综合体	27.01	0.04	27.00
恒泰弘泽-华远盈都商业	零售	7.36	0.00	7.36
开源-北京海航实业大厦	写字楼	22.00	0.00	22.00
中信华夏三胞南京国际金融中心	综合体	35.10	13.02	30.53
恒泰浩睿-彩云之南酒店	酒店	55.88	3.79	58.00
中信皖新阅嘉一期	零售	5.52	-0.62	5.55
中信华夏苏宁云创一期	零售	44.25	0.68	43.95
中信华夏苏宁云创二期	零售	33.54	0.57	33.35
西安迈科大厦	写字楼	6.02	10.29	5.40
招商创融—福晟集团资产	写字楼	20.03	15.13	17.00
天风—中航红星爱琴海商业物业信托受益权	零售	17.08	18.03	14.00
招商创融-海富通-步步高资产支持专项计划	零售	—	—	12.4
天风光大-亿利生态广场二期	写字楼	7.36	0.00	7.36
新派公寓权益型房托	公寓	3.15	14.29	2.70
天风光大-亿利生态广场一期	写字楼	11.50	6.35	10.77

续表

资产支持专项计划名称	物业类型	评估值	折价（%）	收购价（亿元）
平安苏宁广场	零售	18.09	7.13	16.80
长江楚越－中百一期	零售	10.41	0.10	10.40
苏宁广场 2017 年	综合体	20.72	5.89	19.50
东证资管－青浦吾悦广场	零售	11.91	11.84	10.50
中信－金石－碧桂园凤凰酒店	酒店	35.14	0.11	35.10
招商创融－天虹商场一期	零售	14.40	－0.69	14.50
中银招商－北京凯恒大厦	写字楼	30.05	0.00	30.05
中信华夏苏宁云享	物流	18.53	0.32	18.47
畅星－高和红星家居商场	零售	28.92	8.37	26.50
渤海汇金－中信资本悦方 ID Mall	零售	28.64	3.27	27.70
首誉光控－光控安石大融城	零售	25.02	0.07	25.00
中信启航专项	写字楼	58.39	10.77	52.10
中联前海开源－勒泰一号	零售	51.88	32.54	35.00
中联东吴－新建元邻里	零售			20.50
中联前海开源－保利	公寓			17.17
皖新光大阅嘉	零售			5.55
中联前海开源－碧桂园租赁住房一号	公寓			17.17
深创投中金－苏宁云创资产支持专项计划	物流			49.20
深创投安居集团人才租赁住房第一期资产支持专项计划	公寓			31.00
中联前海开源－越秀租赁住房一号第一期资产支持专项计划	公寓			4.97
中信证券－阳光城长租公寓 1 号资产支持专项计划	公寓			12.10
中信证券－泰禾集团慕盛长租公寓 1 号资产支持专项计划	公寓			8.11
高和晨曦－中信证券－领昱 1 号资产支持专项计划	公寓			2.50
华泰佳越－苏宁云新一期资产支持专项计划	零售			34.92
总计				847.18

数据来源：作者根据私募 REITs 募集说明书和戴德梁行报告整理得到。

附录 4　VNQ 何以成功

Vanguard Real Estate Index Fund 于 2004 年 9 月由美国先锋集团设立，设立之初市值仅为 151 亿美元，经过 14 年的发展，截至 2018 年 9 月，该市值已高达 317 亿美元，增长近 2.10 倍，占美国市场的比重近 50%，且 5 年平均收益率为 7.94%，在非杠杆 R - ETF 中较高，其成功经验值得借鉴。

一、管理费率低、运营质量较高

其一，VNQ 的管理费率仅 0.12%，在 R - ETF 中排名第 5 位，远低于平均值 0.49%。其二，运营质量表现很好。截至 2018 年 9 月底，VNQ1 年、3 年、5 年和 10 年追踪误差分别为 0.10%、0.12%、0.11% 和 0.01%，自 2004 年 9 月 23 日设立之初，追踪误差仅为 0.01%。

二、底层资产丰富且集中度高，均为各自领域的龙头企业

VNQ 管理的底层资产类型较为多元化，囊括了 9 大类资产。其中，工业、零售、住宅、办公室等 REITs 规模占比达 31.4%、14.8%、13.5% 和 10.7%。房地产服务公司等 4 类非 REITs 规模占比也达 3.7%。

虽然 VNQ 底层资产较为多元化，但集中度较高，截至 2018 年 9 月底，排名前 10 位的规模最大的底层资产占比为 39.70%，为各自领域的龙头企业。规模排名前五位的企业为 VRTPX、AMT、SPG、CCI、PLD，占比均过 3%，分别为 10.70%、5.40%、4.60%、3.80% 和 3.40%。其中，VRTPX 为先锋集团主动管理的 REITs 基金，而 AMT、SPG、CCI 和 PLD 分别是美国电信基础设施、零售、无线基础设施和物流地产的龙头企业。规模排名

后五位的企业为 EQIX、PSA、AVB、WY 和 EQR，占比均不到3%，共计11.8%，分别为数据中心及主机代管服务、自助仓储、住宅以及林地领域的龙头企业。

三、做市商提供的流动性较好

VNQ 做市商提供的报价较为合理，流动性较好。以 2018 年前 9 月买方报价与卖方报价之差衡量做市质量的高低。R－ETF 的买卖报价之差平均为0.11，其中 BBRE 报价之差最高，高达1.26，而 VNQ 报价之差最低，仅为0.013。以 2018 年前 9 月 ETF 的交易量与市值之比衡量流动性，VNQ 流动性为1.71，在普通 R－ETF 中排名第 5 位，在所有 R－ETF 中排名第 10 位，其流动性较为充裕。

四、追踪指数更具包容性，风险收益率更高

截至 2017 年 9 月 21 日，VNQ 的到期收益率仅有 5.1%，与 S&P 500 房地产指数 10% 的收益率相差甚远。这主要是因为 VNQ 追踪的 MSCI US REIT 指数并不包括当年收益率表现较好的抵押型、专业型 REITs 和房地产服务、开发公司。为此，2018 年 6 月 25 日 VNQ 将追踪指数从 MSCI US REIT Index 正式调整为 MSCI US Investable Market Real Estate 25/50 Index，该调整有三点优势：一是指数更具包容性，底层资产增加 20 多个，包括美国铁塔、冠城国际和部分专业型 REITs；二是风险更小，新指数的 3 年、5 年和 10 年标准差分别为 13.67、12.7 和 23.86，小于原指数 14.99、13.79 和25.52；三是收益率更高，如新指数的 3 年、5 年和 10 年夏普率分别为0.56、0.74 和0.34，高于原指数的0.52、0.68 和0.34。

后　记

本书内容涵盖重点领域公募 REITs 市场建设、境内外 REITs 底层资产对比和境外 REITs ETF 市场运行情况等，其中：第一章为总报告，综述我国建设 REITs 市场的意义、基础条件、面临的挑战及路径选择等内容；第二章介绍深交所在 REITs 相关领域的实践；第三章至五章研究基础设施、住房租赁等重点领域的 REITs 市场；第六章比较分析境外 REITs 和我国境内 REITs 的底层资产，为我国境内公募 REITs 扩容提供镜鉴；第七章分析美国 REITs ETF 市场发展情况。本书的第一章、第二章、第三章、第四章由郑雪晴、何鹏飞和赵雨撰写，第五章由何鹏飞撰写，第六章由郑雪晴、赵雨撰写，第七章由何鹏飞、刘雷撰写。

在本书的写作过程中，得到了很多领导和同事的大力支持，分别是深圳证券交易所李辉副总经理、唐瑞副总经理，以及何基报、郑南磊、陈彬、卞超、刘敏敏、张甜甜等，在此一并表示感谢。

由于作者水平有限，本书疏漏在所难免，希望读者批评指正，提出宝贵意见。

作者

2022 年 6 月